BERND PHILIPP

Wie bleibe ich dick ohne zu hungern?

Philosaurus

Hrsg. Max B. Philipp

IMPRESSUM

Bernd Philipp (Autor)
Max B. Philipp (Herausgeber)
Angela Philipp (Supervisor)
Katharina Dabels (Covergestaltung & Layout)
Michael Fritz (Illustration)

Wie bleibe ich dick ohne zu hungern?
ISBN 978-3-946029-10-6
(c) Philosaurus Verlag UG (haftungsbeschränkt),
Werbemittel, Berlin 2016

KATALOG
www.philosaurus-verlag.de

„Dieses Buch widme ich mir selbst.

Der Erlös wird einem guten Zweck
zugeführt: mir.“

Bernd Philipp, Philodoof

Dr. med. Alfred Reckenfelderbäumer
Arzt für Innere Medizin
Bismarckstraße 66 · 10627 Berlin
Telefon 3418484 · Fax 34781505

Sprechzeiten:
Mo., Di., Do. 8–12 und 16–18 Uhr
Mi. 9–12 Uhr, Fr. 8–12 Uhr

Berlin, den

Rp.

Einmal lachen

täglich!

Dr. med. A. Reckenfelderbäumer
Arzt für Innere Medizin
Bismarckstraße 66 · 10627 Berlin
Tel.: 0 30 / 341 84 84

INHALTSVERZEICHNIS

Achtung, Kosename! Welcher Mann ist schon gern ein „Hasenpups"?

Die häufigsten Kosenamen bei Paaren sind „Schatzi", „Hasi", „Mausi", „Liebling" und „Süße" bzw. „Süßer". Wenn sich eine Frau einen besonders kuscheligen Typ geangelt hat, wird er schon mal zu einem „Bärchen" oder (wenn sie auf ihn sauer ist) schlicht zu „Bär". Das klingt dann eher vorwurfsvoll. Kein Mann möchte gern so genannt werden. Vor allem nicht, wenn Freunde dabei sind. Weil es einfach lächerlich klingt und am Image kratzt. Was nun überhaupt nicht geht, ist „Dicker" oder „Dicke". Niemand möchte so gerufen werden, auch wenn das liebevoll zum „Dickerchen" gerät.

1988 machte Vicco von Bülow alias Loriot seinen Film „Ödipussi". Es ist die leidvolle Geschichte eines klassischen Muttersöhnchens, der von seiner penetranten Übermutter sozialisiert ist und aus den Fängen von „Mama" einfach nicht herauskommt.

Einmal nimmt er sich ein Herz und sagt beherzt zu seiner Mutter: „Du sollst nicht immer Pussi zu mir sagen!" Aber darum kümmert sie sich überhaupt nicht, und immer wenn sie mit ihren Freundinnen und Bekannten zusammen ist, sagt sie: „Ach, mein Pussi, der ist viel zu schade für die Frauen. Er hat ja mich…"

Kosenamen sind ein vermintes Feld und führen oft zu Verdruss. „Mein Mausezähnchen" zum Beispiel ist bähh, das mag er nicht hören. Auch „Hasenpups" gehört auf den Index. Wie steht ein Mann denn da, wenn seine Frau in der Öffentlichkeit „Hasenpups" zu ihm sagt? Auch wenn er sich rächt und sie „Püppi" nennt – der Ruf ist flöten. Man stelle sich das mal vor: Eine Frau tanzt mit ihrem Partner Tango – und sie sagt: „Mehr Leidenschaft, mein Hasenpups!"

Einen besonderen Fall von verhängnisvollem Kosenamen-Missbrauch habe ich mal zu Beginn meines Volontariats in Düsseldorf erlebt. Eine Kollegin hatte wochenlang geschwärmt von einem Werbefachmann, der in sie verknallt war. Nach jedem Wochenende erzählte sie ausführlich, was sie da für einen tollen Kerl kennengelernt hatte. „Er ist so toll, mein kleiner Puscher, das glaubt ihr ja nicht!"

Kleiner Puscher!? Was ist das denn für eine Pfeife, wenn sie ihn so nennt, fragten sich die anderen und überlegten: Wie sieht der kleine Puscher wohl aus?

Es dauerte ein halbes Jahr, dann wurde geheiratet. Keiner von uns hatte ihn je gesehen.

Zu einem Neujahrs-Empfang luden Verlag und Chefredaktion alle Kollegen mit ihren Partnern ein. Da zog Gefahr auf…

Händeringend bat die Kollegin darum, ihrem Mann natürlich nicht zu sagen, dass alle wissen, wie sie ihn nennt… Natürlich versprachen wir ihr das. Hat zunächst auch gut geklappt. Dann allerdings tauchte plötzlich beim Empfang der onkelhafte Chefredakteur auf und sagte: „Ach, Sie sind also der kleine Puscher! Schön, dass wir Sie mal kennenlernen, die Kolleginnen waren schon ganz neugierig…"

Auf der Stelle verließ der kleine Puscher die Stätte der Peinlichkeit. Viel später erfuhr ich, dass es sich ausgepuscht hatte – Scheidung!

Hier zeigt sich, wie gefährlich Kosenamen sein können. Besonders für Männer, die auf eine „bewegte" Vergangenheit zurückblicken und zuweilen die Kosenamen verwechseln. Da gibt es nur einen Tipp: Immer „Herzchen" sagen – das passt bei jeder und man macht nichts falsch!

Unvergessen ist der Kosename, den der CSU-Politiker Edmund Stoiber für seine Frau Karin hat: „Muschi"! Einmal kam er allein zu einem Empfang und erklärte: „Meine Muschi ist erkältet, sonst wäre sie gern mitgekommen…" Ansonsten gilt nach wie vor bei ihm: Nicht ohne meine Muschi.

Ich weiß nicht, woran es gelegen hat, aber ich hatte nie einen Kosenamen. Allenfalls „Arschloch". Aber ein Kosename ist das ja eigentlich nicht…

Was bleibt, ist eine höchsterotische Vorstellung. Das Paar beim Sex. Kurz vor dem Orgasmus schreit sie laut und stöhnt dabei: „Mach's mir, Hasenpups, ich komme, jaaaaa, O Gott, mein Hasenpups. Ja, fester, mein Hasenpups, ja-ja-ja, jetzt, jetzt, Hasenpups, jaaaaaaaaaaaaaaaaaaaaa!"

Wenn Sie das auch komisch finden, können Sie den Hasenpups auch mit dem Kleinen Puscher ersetzen…

Keine Angst! Irgendeine Krankheit wird man für Sie schon finden...

Stellen Sie sich bloß mal vor, Sie sind gesund und wissen es nicht?

Keine Angst: Sie sind nicht gesund. Irgendetwas haben Sie. Dafür sorgt die Pharmaindustrie, die neben vielen segensreichen Mitteln auch Produkte herstellt, von denen Sie glauben sollen, dass Sie sie unbedingt brauchen!

Damit für Sie gut gesorgt ist, beschäftigen die Hersteller „Krankheits-Erfinder". Deren Aufgabe ist es, persönliche und soziale Probleme als Vorboten für ein schweres Leiden zu kennzeichnen, deren Bekämpfung schon im Vorfeld nach neuen Medikamenten schreit. Blähungen werden als Folgen eines Reizdarms diagnostiziert.

Für Furore sorgte das sogenannte ADHS-Syndrom (Aufmerksamkeits-Defizit-Hyperaktivitäts-Symptom) bei besonders lebhaften Kindern. Als die Studie des Forschers Leon

Eisenberg bekannt wurde, liefen Millionen Eltern mit ihrem Nachwuchs zum Arzt, der ein Wunderpräparat verschrieb.

Später gab Eisenberg zu, ADHS nicht erfunden zu haben. Er hatte nur eine seit Jahrhunderten bekannte Verhaltungsstörung bei Kindern neu definiert. Immerhin kamen gestörte Kinder bereits im „Struwwelpeter" des Arztes Heinrich Hoffmann vor (Zappel-Philipp, Hans-Guck-in-die-Luft etc).

Ein weiterer Trick, den Umsatz an Medikamenten zu steigern, sind die Normwerte, die bei den Auswertungen von Blutuntersuchungen zu sehen sind.

Wenn die Toleranzgrenze zum Beispiel bei den Leberwerten nur minimal abgesenkt wird, „entstehen" Millionen neue Patienten, die gestern noch glaubten, mit der Leber sei alles okay.

Ganz aktuell: Jüngstes Beispiel sinnloser Präparate ist die in Amerika zugelassene „Orgasmuspille für die Frau", eine Art Viagra für Damen, die wenig bis nix beim Verkehr empfinden. Eine beispiellose Medien- und Werbekampagne hat diese Pille zum Renner gemacht.

Insgesamt ist die Wirksamkeit eher gering, dafür dominieren die Nebenwirkungen: Die Tablette kann zu Schwindelgefühl und Brechreiz führen.

Um ganz ehrlich zu sein: Die Vorstellung, dass sie „dabei" das große Würgen bekommt, ist für den Mann nicht besonders reizvoll.

Außerdem besteht die Gefahr, dass er den Auswurf als persönliche Verletzung registriert, was bei späteren Aktivitäten mit einer anderen Partnerin als schwere psychische Störungen beurteilt werden könnte („sorry, Schatz, ich muss immer an Barbara denken…")

Susi Super will, dass wir es zweimal die Woche machen!

Viele machen es zweimal die Woche, andere einmal. Wir machen es in letzter Zeit überhaupt nicht mehr…

ACH, DU DICKES FRÜHSTÜCKS-EI!

Susi Super: „Wir müssen reden!"

Ich: „Ich freue mich."

Susi: „Freu dich nicht zu früh. Ich glaube, wir machen es einfach zu selten!"

Ich: „Wie jetzt?"

Susi: „Ja, früher haben wir es zweimal die Woche gemacht, mittwochs und sonnabends…"

Ich: „Was ist denn los mit dir?"

Susi: „Tu nicht so, du weißt schon… Zweimal die Woche – das ist lange her. Jetzt ist es ja nicht mal mehr einmal die Woche…"

Ich: „Muss doch sehr bitten!"

Susi: „Es ist aber so, ob dir das passt oder nicht. Habe mit Carla gesprochen. Sie und Robert machen es immer zweimal die Woche!"

Ich: „Worüber ihr so sprecht. Man kann sich nur wundern…Was geht uns das denn überhaupt an? Sag es mir."

Susi: „Es hängt immerhin was davon ab!"

Ich: „Unsere Beziehung?"

Susi: „Unsere Finanzen! Seit Ewigkeiten spielen wir kein Lotto mehr, Sonnabend nicht, Mittwoch schon gar nichts. Carla und Robert haben erst kürzlich wieder an die 2000 Euro gewonnen. Und meine Eltern tippen mehrmals im Jahr 4 Richtige…"

Ich: „Ach, sooooo! Lotto meinst du. Sag das doch gleich. Ich dachte schon…"

Susi: „…was?"

Ich: „Ach nix, vergiss es!"

Susi: „… weil wir gerade bei ‚zweimal die Woche' sind, da gibt es ja noch was…"

Ich: „Jetzt reicht es aber. Kann man denn nicht mehr in Ruhe sein Brötchen mümmeln?"

Susi: „Wenn es zur Sache geht, ziehst du den Schwanz ein!"

Ich: „Na, hallo! Was mache ich?"

Susi: „Du großer Verdränger. Mein Gott, da hab ich mir ja einen angelacht. Dabei hatten mich alle gewarnt: meine Eltern, meiner Geschwister, meine besten Freundinnen, sogar deine eigene Mutter…"

Manchmal möchte ich viel lieber alleine frühstücken.

Sagen Sie dreimal „Bernd" – und Sie spüren meine Erotik

Immer wieder bin ich begeistert von der Forschungswut amerikanischer Wissenschaftler. Sie finden so immens wichtige Dinge heraus wie zum Beispiel die Tatsache, dass Linkshänder weniger Karotten essen als Rechtshänder. Dass Ameisen keine Depressionen kennen oder dass Säuglinge die Muttermilch nur deshalb lieben, weil sie noch nicht an den Cola-Automaten kommen.

Alles Erkenntnisse, die uns weiterbringen. Und schon bin ich bei Amy Perfors. Die amerikanische Sprachforscherin vom renommierten Institute of Technology in Massachusetts hat eine wichtige Entdeckung gemacht, die, wie Sie gleich verstehen werden, mir besonders sympathisch ist...

In einem groß angelegten Versuch hat Amy Perfors Frauen Fotos von Männern präsentiert, denen wechselnde Namen gegeben wurden. Es zeigte sich, dass Namen mit Vokalen, die auf dem vorderen Teil der Zunge gesprochen werden (also e oder i), in den Ohren von Frauen erheblich erotischer klingen als jene, die irgendwo in den Tiefen des Rachenraums entstehen, wie a oder o.

Das ist, finde ich, eine sensationell gute Nachricht für Männer, die in ihrem
Vornamen ein e oder ein i haben!

Wir können das ja mal ausprobieren: Meine Damen, sprechen Sie doch bitte mal meinen Vornamen aus: Bernd. Und jetzt noch einmal: Bernd. Und weil's so schön war: Bernd.

Na, haben Sie ihn gespürt, diesen erotischen Impuls, den dieser Vorname ausstrahlt?

Jetzt mal die Gegenprobe. Sprechen Sie dreimal hintereinander den Vornamen Horst aus, ganz langsam...

So, jetzt haben Sie es selbst gemerkt, dass Sie nichts gemerkt haben. Da muss der Horst ganz stark sein. Mit seinem o, das im Rachenraum entsteht, kommt er nun mal naturbedingt nicht sexy rüber. In der Forschung gilt er rein akustisch als Grobmotoriker. Er teilt sein Schicksal mit allen Hugos, Wolfgangs oder Lothars.

Ich habe lange gebraucht, meinen Vornamen zu akzeptieren. Bernd klingt im Grunde langweilig. Und in der Grundschule hatten wir fünf Bernds in der Klasse. Wenn der Lehrer „Bernd" aufrief, guckten alle fünf weg, weil sie hofften, nicht gemeint zu sein.

Erst jetzt weiß ich, wie weitsichtig meine Eltern waren, als sie meinen Vornamen ausgewählt haben. Bernd! Was für ein Klang!

Dank Amy Perfors weiß die Menschheit, warum Frauen so heftig auf „e" und „i" stehen: Die Vorderzungen-Vokale klingen ihnen nämlich weniger mächtig. Frauen bevorzugen sensible Männer und verachten Machos. Jetzt erst wird mir klar, warum mich Freundinnen früher so gern „Berni" nannten.

Mir sozusagen noch ein i als Auszeichnung schenkten. Und dann war da noch eine, die sogar „Berni-Sterni" zu mir sagte. Leider Vergangenheit, bestimmt 30 Kilo her.

Der Turbo unter den Vornamen ist allerdings Siegfried. Zweimal i und zweimal e. Das ist schwer zu schlagen. Da muss man schon Finne sein und etwa Liijimeikineiin heißen. Horst-Liijimeikineiin – damit könnte man leben...

„Ach, dich gibt's ja auch noch…"
Immer sind die beleidigt, die sich
selbst nie melden

Anruf bei Tante Sophie. Sie meldet sich mit den Worten: „Ach, dich gibt es ja auch noch!"

So isse, das Tantchen: Immer beleidigt. Immer vorwurfsvoll. Dann legt sie nach:
„Hättest dich ja ruhig mal melden können. Hab mir schon Sorgen gemacht…."

„Ja", erwiderte ich, „du hättest dich doch auch melden können – oder hast du meine Nummer nicht mehr?"

„Ach, was! Ich will dich doch nicht bei der Arbeit stören. Erinnere mich noch, wie ungehalten du warst, als ich dich mal in Düsseldorf im Büro angerufen habe. Nee, nich mit mir…!"

Ich habe dann meiner Tante erklärt, dass ich seit einem Vierteljahrhundert nicht mehr in Düsseldorf arbeite…

Das hat ihr aber auch nicht gefallen. Sie ganz schnippisch: „Und um mir das zu sagen, rufst du mich an…?"

Wenn Tante Sophie nur die Ausnahme wäre. Immer wieder gerate ich an Leute, die meinen, sie hätten ein Recht darauf, angerufen zu werden. Das sind die, die überhaupt nicht daran denken, mal selbst Kontakt aufzunehmen. Allenfalls reicht es zu einem dieser blöden Smileys. Das ist der Kommunikations-Super-Gau unserer verhuschten Gesellschaft.

Heute denke ich mit einem Augenzwinkern an meine Mama zurück. Als ich in den späten 70er Jahre im Rheinland lebte, meldete ich mich jeden zweiten Tag bei ihr. Nur einmal erst am dritten Tag. Na, da war was los…

„Hallo, Mama, hier ist der Bernd, dein Lieblingssohn" (war ja auch ihr einziger…).

Mama mit gehobener Stimme: „Wer ist da? Ein Bernd??? Ich hatte mal einen Sohn, der hieß Bernd…" Die kleine Gemeinheit meiner längst verstorbenen Mutter hat sich in der Familie bis heute erhalten. Und das nennt man dann „Erbgut"!

„Ich hatte mal…", sagt Schwester Traudi, wenn ich mich melde.

„Ich hatte mal…", sage ich, wenn sie anruft.

Die ganz Familie, auch Neffen, Nichten, Cousins und Cousinen melden sich so. Es ist wie ein Flächenbrand, der inzwischen auch Bekannte und die wenigen guten Freunde erreicht hat. Zum Glück: „Ich hatte mal…" ist längst nur Jux geworden, ein „running gag".

Mehrmals die Woche ruft mich unser Sohn Max an, um mir einen schönen Tag zu wünschen und zu fragen, ob denn alles in Ordnung sei. Am Montag hatte er sich gemeldet. Dann erst wieder am Donnerstag.

Auf dem Display sehe ich ja seinen Namen, nahm das Gespräch an und sagte:

„Wer ist da? Ein Max? Ich hatte mal einen Sohn, der hieß Max…"

Susi will über Treue reden…

ACH, DU DICKES FRÜHSTÜCKS-EI!

Susi Super: „Wir müssen reden!

Ich: „Mir würde sonst auch was fehlen!"

Susi: „Sag mal, bevor wir uns kennenlernten – warst du deinen Freundinnen immer treu?"

Ich: „Erkläre mir, was die Frage soll, dann verstehe ich sie vielleicht und antworte."

Susi: „Ach, allein deine Reaktion sagt alles…"

Ich: „Dann ist der Fall ja jetzt erledigt, schön!"

Susi: „Im Gegenteil! Du sagst ja damit, dass du nicht treu warst!"

Ich: „Du gibst auch nie Ruhe! Was interessiert dich eigentlich, was vor unserer Zeit war…?"

Susi: „Weil Männer sich nicht ändern! Bei ihnen ist früher immer auch heute…Neulich bei Gabys Fünfzigsten hast du dich benommen wie ein Gockel – war das peinlich!"

Ich: „Ich bin und war immer ganz brav. Okay, gaaaanz früher vielleicht nicht immer. Aber grundsätzlich denke ich: Treue ist ein großes Ziel. Nur erreicht eben nicht jeder sein Ziel, das ist wie beim Sport."

Susi: „Fremdgehen ist ein Sport??? Irgendwie war mir das klar!"

Ich: „Dich habe ich aber auch nicht aus dem Kloster geholt… Wie hießen denn meine Vorgänger alle? Jan, Micha, Mirco, Hansi, Dimitri, Sascha, Uwe, Roman, Ingo, Norbert, Paolo, Dirk, Klaus-Dieter und der Ösi-Schnösi aus Obertauern – eine ganze Fußballmannschaft hattest du doch vor mir. Und mir jetzt einen kleinen Flirt vorwerfen…"

Susi: „Frech, verlogen, unverschämt. Lügenpresse, dein Name ist Bernd! Mein Gott, was hab ich mir da für einen geangelt? Dabei hatten mich alle gewarnt. Meine Freundinnen, meine Geschwister, meine Eltern und sogar deine eigene Mutter…"

Manchmal möchte ich viel lieber alleine frühstücken.

Wer Geld verleiht, ist ein Freund. Wer es mal zurückfordert, wird zum „Arschloch"

Eigentlich sind Schulden ja eine lästige Sache. Zumindest für den Gläubiger. So nennt man die Narren, die daran glauben, dass sie ihr Geld jemals wiedersehen werden. In der internationalen Finanzwelt spielen Schulden kaum eine Rolle. Je mehr Verpflichtungen ein Land bei einem anderen hat, desto günstiger sind dessen Prognosen.

Und wenn Schulden gar in die Milliarden gehen, kann ein finanziell marodes Land immer noch mit dem „Schuldenschnitt" rechnen – auch so ein Wort, das wir dem Zeitgeist zu verdanken haben. Die geforderten Summen werden dabei drastisch „beschnitten", und in den meisten Fällen räumt das die Möglichkeit ein, neue Kredite zu erhalten. Die Wirtschaft ist eben ein Mysterium!

Mit ausstehenden Zahlungen in wesentlich geringerer Größenordnung muss auch ich mich immer häufiger herumschlagen. Mein Grundübel ist meine Blödheit sowie eine mangelnde Menschenkenntnis. Wer, als „guter Freund" getarnt, kurzfristig in finanzielle Not geraten ist, dem habe ich immer gern mit einem Darlehen geholfen. Bar und zinslos, versteht sich.

Vor zehn Jahren lieh ich einer Bekannten mal 5000 Euro. Nicht einen Euro hat sie zurückgezahlt. Nach einem Jahr fragte ich mal dezent nach. Na, da war was los! „Du Schwein! Du weißt doch, dass ich nichts verdiene. Soll ich auf den Strich gehen, nur damit der Herr den Hals vollkriegt." Allen Freunden teilte sie mit, was der Bernd doch für ein Arschloch sei. So schnell ändern sich die Beziehungen. Wie ich hörte, sei sie inzwischen lebensbedrohlich erkrankt – da hab ich dann doch meinen Anwalt zurückgepfiffen. Ich hoffe, sie kommt gesundheitlich wieder auf die Beine.

Ganz Ungewöhnliches passierte in der vergangenen Woche: Es zahlte mal wieder einer was ab. Zwar nur 200 Euro (von 2000 Euro), aber immerhin, ein Anfang.

Übrigens, immer wieder lesenswert: „Die Kunst, seine Schulden zu zahlen" von Honoré de Balzac. Der wunderbare Autor war sein ganzes Erwachsenenleben lang verschuldet und beschrieb eigentlich, wie man seine Verbindlichkeiten NICHT zurückzahlt. Von ihm stammen diese beiden Erkenntnisse: „Je mehr Schulden man hat, desto mehr Kredit hat man." Und: „Je größer die Schuld, desto größer das Erpressungspotential."

Ich glaube, ich sollte jetzt das Lager wechseln – vom Gläubiger zum Schuldner.

„Gläubiger" muss ja was mit dem Glauben zu tun haben. Man glaubt daran, dass man sein Geld wiedersieht… Dieser Glaube fehlt mir inzwischen. Ich lasse mich jetzt umschulen!

Alle Jahre wieder peinlich:
„Diesmal schenken wir uns nichts!"
Aber keiner hält sich dran

Früher liefen in unserer Großfamilie die Vorbereitungen für Weihnachten immer so: Schwester Renate fragte Schwester Edeltraud: „Was schenkst du denn unserer Schwester Gundelar?"

Schwester Gundelar (diese ungewöhnliche Schreibweise hat sie einem angetüterten Standesbeamten zu verdanken) fragte Schwester Renate: „Was schenkst du unserer Schwester Edeltraud? Und Edeltraud wollte von Renate wissen: „Was kann man denn bloß unserem Bruder Bernd schenken? Er ist ja ein langweiliger Typ – was soll uns da schon einfallen?"

Dann fragte natürlich jeder jeden, was wir Mama und Papa schenken können. Und Oma und Opa. Und Tante Marianne und Onkel Heinz.

Mein Gott, war das ein Stress! Als ob die Schenkerei nicht nervig genug wäre, bekamen alle drei Schwestern auch noch Kinder. Neffen und Nichten kamen dazu, Susi Super und ich steuerten auch einen Sohn bei. Die Anzahl der Weihnachtsgeschenke nahm inflationär zu. Und alle sagten: „Natürlich für jeden nur eine Kleinigkeit!" Jahre später heirateten auch die Neffen und Nichten. Nun mussten auch die jeweiligen Partner bedacht werden. Dann pflanzten sich diese fort – es nahm kein Ende.

Immer wieder heißt es, die Deutschen würden eines Tages aussterben. Ich kann versichern: An meiner Familie liegt es nicht!

Wie, bitte, soll man 50 individuelle „Kleinigkeiten" besorgen, ohne irre zu werden?

Aber irgendwie hat es geklappt. Als wir einmal alle zusammen Heiligabend gefeiert haben, lagen unter und neben dem Weihnachtsbaum so viele liebevoll gepackte und gestapelte Präsente, dass man vom Baum nur noch die Spitze sehen konnte.

Die ganze Schönheit der festlich geschmückten Tanne konnte man nur erahnen.

Eines Tages beschloss der Familienrat, dass wir uns den Terror des Geschenke-Besorgens – einfach schenken! Und Mama sagte: „Ich wünsche mir sowieso nur artige Kinder – das reicht!"

Das klang sehr vernünftig, und die Erwachsenen waren alle sehr erleichtert. Aber das war natürlich keine Alternative für die Kinder und Kindeskinder. Also begann der Rausch von vorne… Und in meinem Kleiderschrank hingen furchtbare Polyester-Krawatten, stapelten sich Socken in quietschigen Farben und mit drolligen Smileys sowie Schlüpper, die schon beim Angucken am Po kratzten.

Vor drei Jahren: Ich machte Susi Super den Vorschlag, dass wir uns gegenseitig zu Weihnachten nichts schenken. „Wir schenken uns doch so viel, nämlich uns…"

Da wurde meine Sozialpartnerin sofort zu einem Tiger und fauchte mich an: „Für dich kommt doch Heiligabend ohnehin immer völlig überraschend. Jedes Jahr rennst du am 24. vor Feierabend durch die Kaufhäuser und greifst wahllos nach einem Geschenk für mich! Jetzt bist du sogar dazu noch zu faul! Ich fasse es ja nicht!"

Ich hätte das einfach ignorieren sollen, aber sagte dann doch was: „Es ist ohnehin ganz egal, was ich dir schenke – du tauschst es doch sowieso wieder um…?"

Na, da war vielleicht was los! Nur die mir eigene Besonnenheit bewahrt mich davor, Einzelheiten ihres Gefühlsausbruchs zu schildern. Ich möchte keinem das christliche Fest verderben…

Übrigens: Sich gegenseitig nichts schenken zu wollen, ist von vornherein zum Scheitern verurteilt. Es klappt einfach nicht! Vor allem, wenn einer von beiden sich nicht daran hält und doch „nur eine Kleinigkeit!" besorgt hat.

Dann ist der andere bloßgestellt und fühlt sich wie ein herzloses Ungeheuer. Und das bin immer ich. Sie ist der Engel, ich der Bengel.

Oje, du fröhliche…

Die Bankfilialen sterben, aber die Bank lebt immer weiter – durch uns!

Wenn von der sogenannten „guten alten Zeit" gesprochen wird, dann ist damit sicher jene gemeint, in der man noch in der Nähe seiner Wohnung eine Bankfiliale fand. Bankräuber hatten eine breite Auswahl, und mit dem entschlossenen Satz „Das ist ein Überfall!" war das Ansinnen klar und die Aldi-Tüte schnell gefüllt.

In den vergangenen Jahren wurde dieser Form der Finanzregulierung immer schwieriger. Hinter den Bankschaltern lag kaum noch Bares. Da musste man schon in der Lage sein, einen Geldautomaten zu knacken, aber diese Biester waren viel zu schwer und klobig. Da wurde die Investition in Sprengstoff erforderlich, und wenn man als Otto Normalganove Pech hatte, regnete es Geldscheine in Konfettiform. Zu ärgerlich!

Inzwischen haben sich die Dinge umgekehrt: Nicht mehr die gewaltbereiten „Kunden" beklauen die Banken - die Banken beklauen die Kunden! Und der Staat, den wir früher nahezu liebevoll „Vater Staat" nannten, unterstützt die Banken sogar. Mit Milliarden an Steuergeldern. Vor einer Woche las eine ungewöhnlich große Überschrift in der „Frankfurter Allgemeinen Sonntagszeitung": „Müssen wir schon wieder die Banken retten?" Antwort: Ja, so kann es kommen. Der Bürger als unfreiwillig großer Geber... Milliarden für unsere armen Banken! Davon kann der Mittelstand nur träumen...

Früher – ja, früher! – gab es in unserem kleinen Westender Kiez rund um den Steubenplatz drei Bankfilialen. Längst hat sich unsere Berliner Bank von hier in die Reichsstraße verabschiedet, vielleicht 500 m entfernt. Kein Problem also. Außerdem gibt es ja das Home-Banking. Fragen Sie mal Ihre Oma, was eine TAN-Nummer ist... (na, die wird gucken!).

Jetzt jedenfalls ist auch in der Filiale an der Reichsstraße bald Schluss. „Unsere" Filiale zieht im Anfang Januar 2017 zur Deutsche Bank-Filiale zum Sophie-Charlotte-Platz in der Bismarckstraße. Die Ecke dort ist nicht gerade ein Parkplatzparadies, aber die U-Bahn fährt hin, 3 Stationen. Positiv denken: „Kurzstrecke"…

Lange wird es nicht dauern, dann werden wir verwiesen auf die Filiale am Ernst-Reuter-Platz (dann ist allerdings vom U-Bahnhof Neu-Westend aus der Volltarif fällig). Die Deutsche Bank schließt übrigens in Berlin jetzt 43 Filialen!

In zehn Jahren, schätze ich, muss man direkt in die Zentrale nach Frankfurt fahren, um mal einen leibhaften Bankmenschen zu sehen. Die Billig-Buslinien und die Deutsche Bahn arbeiten schon an einem Spezialprogramm für Bankkunden.

Aber eine ganz andere Frage stellt sich noch: Wer wird sich eigentlich noch ein eigenes Bankkonto leisten können?

Essen mit Schwestern

Warum kommen sie beim Bestellen einfach nicht zu Potte?

Sie heißen Gundelar, Renate und Edeltraud. Sie sind meine älteren Schwestern. Oft laden sie mich, ihren „kleinen Bruder", zum Essen in bessere Restaurants ein. Das ist eine sympathische Tradition, wie ich finde. Nur einen Nachteil haben diese Zusammenkünfte: Die Damen kommen beim Bestellen einfach nicht zu Potte. Na, dann belauschen sie uns doch einfach mal…

Bedienung: „So, die Herrschaften, bitte schön, unsere Karte… Möchten Sie vielleicht schon was zu trinken bestellen?

Edeltraud: „Nein, noch nicht, wir sehen erst einmal, was wir essen."

Renate: „Für mich bitte schon mal ein Wasser."

Bedienung: "Ein stilles Wasser oder ein normales?"

Gundelar: „Haben Sie auch halbstilles Wasser?"

Bedienung: „Leider nein. Eben nur still oder normal…"

Renate: „Cola haben sie doch?"

Bedienung: „Ja, natürlich."

Renate: „Dann nehme ich eine Fanta."

Gundelar: „Für mich bitte ein Spezi."

Bedienung: „Gerne."

Gundelar: „… aber bitte mit Cola light."

Bedienung: "Wird gemacht."

Ich: „Für mich ein kleines Pils bitte."

Edeltraud: „Bestell dir doch ein großes, dann trinke ich bei dir mit…"

Ich: „Warum bestellst du dir denn nicht auch ein kleines Bier?"

Edeltraud: „Ich will doch nur mal kosten." (zur Bedienung): „Ach, wissen Sie, bringen Sie mir doch bitte erst mal eine Apfel-Schorle."

Renate: „Für mich auch. Keine Fanta!"

Bedienung: "So, die Getränke hätten wir ja jetzt…"

Edeltraud: „Wir gucken schon mal nach den Speisen."

Bedienung (gereizt): „Lassen Sie sich Zeit!"

Gundelar: „Wir sollen uns Zeit lassen? Heißt das, dass es bei Ihnen länger dauert?"

Bedienung (schnippisch): „Bei uns nicht!"

Gundelar (guckt nach den Gerichten): „Ich glaube, für mich ist nichts dabei…"

Renate: „Du immer mit deinem ‚Für mich ist nichts dabei'! 80 Gerichte – da wirst du doch irgendwas finden!"

Edeltraud: „Mein Mann würde die Wachtelbrüstchen auf Holunderbeer-Sauce essen. Er liebt Brüstchen."

Gundelar: „Dein Mann liebt ‚Brüstchen', soso, ist mir neu… Mein Reinhard würde total auf Steinbutt auf Tomaten-Ingwer-Sauce abfedern. Oder auch auf Tatar von Matjesfilets mit Schnittlauch-Tomaten-Creme. Hauptsache Fisch!"

Renate: „Mein Sigi würde den Gefüllten Ochsenschwanz nehmen, da bin ich mir ziemlich sicher."

Bedienung (bringt die Getränke): „Haben Sie schon was gewählt?"

Ich: „Noch nicht. Meine Schwestern haben erst mal überlegt, was ihre Männer bestellen würden…"

Bedienung: „Die Herren kommen noch?"

Ich: „Nein. Aber wir sagen Bescheid, wenn wir uns entschieden haben."

Bedienung (atmet tief durch): „Gut…"

Edeltraud: „Ach, sagen Sie: Das Geschmorte Milchzicklein in Vernaccia mit Estragon und Kopfsalat-Pilzkopf-Roulade klingt ja interessant. Wissen Sie, welcher Jahrgang der Vernaccia ist?"

Bedienung: „Nein, das weiß hier keiner."

Edeltraud: „Schade, dann bringen Sie mit bitte trotzdem das Zicklein, aber ohne Estragon, und die Pilzkopf-Roulade nicht mit Kopfsalat, sondern mit Feldsalat, ja?"

Bedienung (erschöpft): „Ich sag's der Küche…"

Gundelar: „Pizza haben Sie nicht?"

Bedienung: „Nein, bedauere, wir sind keine Pizzeria!"

Renate: „Mich reizt die Entensülze mit Pfifferlingen."

Bedienung (schroff): „Reizt sie Sie nur oder möchten Sie die?"

Renate: „Ach, warten Sie mal, hier – ich hab's: Kalbskopf süßsauer mit Kartoffeln und Karotten."

Gundelar: „Ich sehe gerade hier unter ‚Rustikale Köstlichkeiten': Königsberger Klopse. Die hätte ich gern. Aber ohne Kapern."

Edeltraud: „Sind die Klopse denn auch frisch?"

Bedienung (verzweifelt, kopfschüttelnd): „Ehrenwort! Sie werden morgens geschossen – und mittags servieren wir sie unseren Gästen… Übrigens: Ich habe jetzt Feierabend, meine Kollegin ist gleich weiter für Sie da!"

Mein Multikulti-Gesicht macht's möglich: Wie ich als Rixdorfer zum Griechen, Türken, Kroaten und Russen wurde ...

„Viele Leute denken, die anderen, die Fremden, würden ihnen etwas wegnehmen, was sie noch gar nicht haben."

(Louis Malle, franz. Regisseur, 1932 – 1995)

Jede Form von Angeberei ist mir eigentlich fremd. Aber hinweisen möchte ich schon darauf, dass ich als Musterbeispiel für eine gelungene Integration gelte. Ich akzeptiere die freiheitlich-demokratische Grundordnung dieses Landes und achte die Verfassung.

Noch nie habe ich eine fremde Frau umtänzelt und bin ihr an die Wäsche gegangen, etwa mit den Worten „Du willst es doch auch!" Von der Kölner Domplatte halte ich mich in der Silvesternacht fern.

Ich kann mich benehmen, und mancher muss anerkennen, dass ich sogar ein Deutscher sein könnte.

Es ist einfach schön im Berliner Restaurant „Adnan" in der Schlüterstraße. Ein In-Lokal, wie man so sagt. Hier treffen sich die, die es zu was gebracht und auch jene, die ihre Zukunft schon hinter sich haben. Im Zentrum immer: Adnan, die Society-Instanz. Ein liebenswürdiger Mann, dessen Charmantel die Damenherzen umhüllt. Der „beste Frauenhandküsser der Stadt", wie ein City-Flaneur mal schrieb, begrüßt Gäste aus aller Welt.

Sogar mich! Und ich bin nicht mal ein Ausländer. Aber immerhin: Ich sehe so aus. Das war nicht immer so. Geboren in der Neuköllner Richardstraße, wuchs ich als Berliner Steppke auf und war nicht besonders auffällig (allenfalls in der Schule, zum Leidwesen der Eltern). Wollte auch nie ein „Schöneberger Sängerknabe" werden, weil diese Knilche auch im Winter mit kurzen Hosen rumlaufen mussten. Wir Rixdorfer!

Erwähnt sei noch, dass Eltern und beide Großelternpaare, meine drei Schwestern und ich als „Made in Germany" erkennbar waren.

Das sollte sich ändern. Irgendwann – ich war so etwa 40 – veränderte sich meine Physiognomie. Ich bekam ein Multikulti-Gesicht. Das lag zwar im Trend, bescherte mir jedoch eine ganze Reihe erstaunlicher Erfahrungen… Zum Beispiel bei – „Adnan".

Ich war mit meiner märchenhaften Freundin Silke da, die mit ihrem langen, sinnlichen roten Haar aussieht wie eine Irin, aber im beschaulichen Lobenstein in Thüringen geboren wurde. Am Tisch direkt neben uns schaute mich immer wieder ein Herr an, der sich entschuldigte, weil er merkte, dass ich seine Blicke registriert hatte.

„Ich will nicht stören", sagte er, „ich muss Ihnen einfach mal ein Kompliment machen: Sie sprechen ja wirklich ein fantastisches Deutsch – für einen Griechen."

„Sehr freundlich, vielen Dank", sagte ich, und zu meiner Feuerbraut etwas später: „Ein Grieche war ich noch nie. Premiere!"

Ja, es ist mein Schicksal: Ich sehe nicht aus wie ein Germane. Mein Antlitz hatte schon als Mittvierziger etwas Diabolisches. In einer Zeit, als die Bankfilialen noch Bares hatten und häufig von zwielichtigen Typen überfallen wurden, geriet ich ständig in Verdacht, der Übeltäter zu sein.

Die Beweisfotos waren unscharf und zeigten zumeist bewaffnete Ganoven mit markanten Wangenknochen, Vollbart und Strumpfmaske. Ein Polizeisprecher mutmaßte stets, dass es sich vermutlich um einen „Südländer" handele. Diese Beschreibung heute – und der Polizeipräsident wäre gefeuert.
Diskriminierung!

Unser Sohn muss etwa sechs Jahre alt gewesen sein, als er auf der Titelseite der „Berliner Morgenpost" so einen Brutalo entdeckte und fragte: „Papa, was machst du denn da…?"

Der Zeitungsausschnitt machte im Familien- und Freundeskreis schnell die Runde. Irgendwie hatte ich sogar den Eindruck, man würde meinen Gruß im Treppenhaus nur verhalten erwidern. Erst als die „Berliner Abendschau" berichtete, dass an die tausend Berliner bei dieser mangelhaften Ausfertigung von Fahndungsfotos unverschuldet in Verdacht geraten waren, galten wir Otto Normalstraftäter als rehabilitiert.

Ich gebe zu: Wie ein Germane sehe ich nicht aus. Gern hält man mich für einen Türken. Ein Gemüsehändler am Mariendorfer Damm in Tempelhof schimpfte mit mir, weil ich mich mit ihm nicht in „unserer" Landessprache unterhielt. Und dann war da noch ein Taxifahrer, der es einfach mal raus lassen musste: „Du und ich. Wir Türken, wir haben viel schwer…" Ich nickte.

Besonders häufig werde ich auch dem Balkan zugeordnet. Der Ungar in mir schlägt eben durch, weil ich so scharf wie Paprika bin. Mein Blut ist Lava und kein Himbeersaft.

Als Kroate gehe ich auch durch. Das habe ich kürzlich meiner Physiotherapeutin erzählt. Die reizende Wirbelsäulen-Verwöhnerin wurde plötzlich wortkarg. Sie sei Serbin. Uppps, da war ja mal was, sorry! Warum tat mir nach der Massage nur mein Rücken mehr weh als vorher?

Ich – vielleicht doch eher Russe? Könnte sein! Ich bin des Wodkas reinste Seele. In meinen Augen spiegeln sich die Weiten des riesigen Reiches wider. Mein Bart gleicht allerdings eher einem Birkenwäldchen. Balalaika spielen konnte ich früher übrigens auch mal. Ivan Rebroff, mein Onkel? Nein! Der ist in Berlin-Spandau geboren. Und Helene Fischer ist auch nicht meine jüngere Schwester, obwohl die nun wirklich im russischen Krasnojarsk in Sibirien das Licht der Welt erblicke. Doch damit nicht genug: Ich wurde auch schon mal dem Baltikum zugeordnet. Und sogar dem Libanon!

Mein Gott, wo ich nicht überall herkommen soll! Ach ja: „Stammst du aus Rumänien?"

fragte mich mal eine Weltbürgerin in der Lüneburger Heide. Und mein Kollege Rainer Hein von der Insel Usedom überraschte mich mit dem Hinweis, dass ich mit entsprechendem Palästinenser-Outfit durchaus auch als Arafat hätte durchgehen können. Kein Wunder also, wenn ich mich auf Bahnhöfen und Flughäfen der besonderen Aufmerksamkeit des Security-Personals erfreue.

Als ich im Spätherbst mit dem Auto in eine Fahrzeugkontrolle geriet, bei der routinemäßig die Beleuchtung gecheckt wurde, hieß es: „Ihre Papiere bitte – und steigen Sie doch erst mal aus." Die anderen Autofahrer vor mir durften sitzen bleiben. Da fiel mir doch gleich wieder der Taxifahrer ein („Wir Türken, wir haben viel schwer!").

Tatort Neukölln. In der Karl-Marx-Straße bittet mich unser Fotograf Martin Lengemann, der übrigens very british aussieht, ich solle doch mal an einem türkischen Gemüsestand was kaufen.

Und schon ist Halin da, der Chef. „Mein Freund", sagt er zu mir, „komm, lass uns ein Foto von uns beiden machen." Da stand ich nun mit meinem Landsmann. Minuten später hat er mich gefragt, ob ich mit ihm zusammen nicht ein Geschäft für Obst und Gemüse am Stadtrand von Istanbul aufmachen möchte: „Wir guttt verdienen!"

Ich werde darüber nachdenken.

Es ist wirklich kurios: Selbst wenn ich näheren Bekannten von meinen Erlebnissen berichte, kommt es vor, dass ich hören muss: „Also jetzt, wo du es so sagst… Da ist schon was dran!"

Bei der Gelegenheit: Nein, ich bin auch kein Jude, wie viele glauben. Erst recht, nachdem ich das Buch zu Artur Brauners Holocaust-Film „Der letzte Zug" geschrieben hatte, das bei der Premiere in Berlin vorgestellt wurde. Ich hätte gar nichts dagegen, griechischer Jude mit russischen Wurzeln zu sein. Bin ich aber nicht, obwohl: Eine gewisse Ähnlichkeit…

Wir merken uns mal: Auch ein Urberliner aus Neukölln mit Hinterhofwurzeln, evangelisch getauft und eingesegnet, kann sich – ausgestattet mit dem richtigen Multikulti-Gesicht – überall zu Hause fühlen. Vielleicht zurzeit nicht gerade in den neuen Bundesländern.

Susi will, dass ich die Wohnung putze, bevor die Putzfrau kommt

ACH, DU DICKES FRÜHSTÜCKS-EI!

Susi Super: „Wir müssen reden!"

Ich: „Bin schon ganz neugierig."

Susi: „Laila ist von Monaco wieder nach Berlin gezogen!"

Ich: „Wer ist Laila?"

Susi: „Tu nicht so – unsere frühere Putzfrau. Du hast ihr doch immer auf den Arsch geguckt…"

Ich: „Ach, Laila, jaaaaa! Richtig, erinnere mich. Hat sie sich immer noch keinen Millionär geangelt? Was macht sie jetzt?"

Susi: „Sie putzt wieder. Auch bei uns. Sie kommt jetzt jeden Mittwoch! Stell' dich bitte darauf ein!"

Ich: „Was soll ich???"

Susi: „Na, vorher ein bisschen aufräumen. Zumindest dein Chaos beseitigen, und es wäre auch wieder schön, wenn du im Sitzen pinkeln würdest – bei deiner Zielgenauigkeit… Und deine Schuhe, die du überall hinschmeißt, kannst du auch wegräumen. Sonst rennt sie gleich wieder weg!"

Ich: „Das glaub ich ja jetzt nicht! Ich soll die Wohnung aufräumen, bevor die Putzfrau kommt? Ich dachte, dafür bezahlen wir sie…"

Susi: „Das ist ja wohl eine Frage des Anstandes und der Menschenwürde. Sie ist quasi unser Gast, und würdest du von einem Gast verlangen, dass er deine Schlüpper aus den Ecken kramt?"

Ich: „Ich könnte ja, bevor sie kommt, noch die Fenster putzen, das Parkett wischen und ihr anbieten, dass sie ihre eigene Bügelwäsche mitbringt – ich mach das dann…"

Susi: „Das ist nicht witzig, mein Herr!"

Ich: „Was soll das eigentlich heißen – ,…sie ist quasi unser Gast'? Sie macht das doch nicht umsonst, oder?"

Susi: „Natürlich nicht!"

Ich: „Was nimmt sie denn die Stunde?"

Susi: „Ich konnte sie auf 14 Euro drücken."

Ich: „Das ist ja nobel. Dann müssen wir sie aber anstellen, sonst ist das Schwarzarbeit."

Susi: „Quatsch! Erstens will sie das nicht, weil sie ja dann Steuern zahlen müsste, außerdem ist das zu viel Schreibkram…"

Ich: „Du weißt aber schon, dass wir auch Steuern zahlen oder ist dir das entgangen?"

Susi: „Und du weißt vielleicht auch, dass ich mich darum nicht kümmere. Außerdem macht das dein Steuerberater."

Ich: „Genau! Dafür kriegt er von uns versteuertes Geld, das er als Einnahme versteuert. Warum soll mein Steuerberater Steuern zahlen, aber deine Putzfrau nicht? Sag es mir!“

Susi: „Das merkt kein Mensch!“

Ich: „Doch: ich! Wenn das Finanzamt dahinter kommt, lande ich vielleicht im Knast. Willst du das?“

Susi: „Mein Gott, was habe ich mir da bloß für einen angelacht? Alle meine Freundinnen hatten mich gewarnt, wirklich alle. Meine Geschwister, meine Eltern und sogar deine eigene Mutter…“

Manchmal möchte ich viel lieber alleine frühstücken.

Das Chaos hat einen Namen: „Staubsaugerbeutel"!

Der liebe Gott muss einen ganz schlechten Tag erwischt haben, als er die Staubsaugerbeutel schuf... Nichts gegen Artenvielfalt, aber bei den Staubsaugerbeuteln hat er einfach übertrieben!

Susi Super ruft mich über Handy im Auto an und sagt: „Wir haben keine Staubsaugerbeutel mehr. Bring doch bitte welche mit."

Ich: „Wo krieg ich die denn?"

Susi: „In jedem Drogeriemarkt."

Ich: „Ich war noch nie in einem Drogeriemarkt."

Susi: „Dann wird es höchste Zeit."

Ich: „Gut, bis nachher."

Ratlosigkeit vorm Regal: An die 30 verschiedenen Staubsaugerbeutel im Angebot. Ich frage eine Verkäuferin: „Was können Sie mir denn empfehlen?"

Verkäuferin: „Empfehlen? Welche Marke brauchen Sie denn?"

Ich: „Keine Ahnung. Da muss ich mal telefonieren."

Anruf zu Hause. Susi Super ist beim Friseur. Ich zu Max (damals 10 Jahre alt): „Junge, ich muss wissen, von welcher Firma unser Staubsauger ist. Geh doch mal in die Kammer und guck nach."

Max: „Da steht Severin drauf, Papa."

Ich: „Danke, alles klar."

Ich zur Verkäuferin: „So, also, unser Staubsauger ist von der Firma Severin. Dafür brauche ich Beutel."

Verkäuferin: „Das hilft uns noch nicht weiter. Sie müssten vor allem wissen, von welcher Marke der Staubsaugerbeutel ist. Die steht auf der Klappe des Fachs, in dem sich der Beutel befindet."

Ich rufe wieder Max an: „Pass auf, Junge, du musst bitte mal das Fach vom Staubsauger aufmachen. Da steht, von welcher Firma die Beutel sind..."

Max (ungehalten): „Manno, Papa, ich gucke gerade ‚Kung Fu: Im Zeichen des Drachen'..."

Ich: „Ist mir egal. Guck bitte trotzdem nach."

Max (ich höre sein Fluchen im Hintergrund): „Swirl steht da drauf. War's das?"

Ich: „Ja, das war's. Ach, noch was: Musst du nicht Mama sagen, dass ich zweimal angerufen habe, okay?"

Max: „Verstehe. Sagen wir zwei Euro Schweigegeld?"

Ich: „Du bist ein Gauner. Aber in diesem Falle – einverstanden."

Ich zur Verkäuferin: „So, jetzt haben wir es wirklich. Die Sorte heißt Swirl!"

Verkäuferin: „Und welche Produktionsreihe?"

Ich: „Was heißt das denn?"

Verkäuferin: „Es gibt verschiedene Beutel von Swirl. Hinter dem Herstellername muss noch ein Y und eine zweistellige Zahl stehen. Da müssen Sie wohl noch mal anrufen."

Ich rufe erneut Max an: „Pass auf, drei Euro, wenn du noch mal den Staubsauger aufmachst. Hinter Swirl muss noch was stehen..."

Max nach zwei Minuten: „Da steht Swirl Y 93."

Ich: „Warum hast du mir das nicht gleich gesagt?"

Max: „Weil du nur nach dem Namen gefragt hast. Und Y 93 ist kein Name..."

Ich: „Ich werde mich jetzt nicht streiten."

Ich zur Verkäuferin: „Swirl Y 93!"

Verkäuferin: „Schauen wir doch mal. Y 93 – na, wo haben wir die denn? Tja, tut mir leid, aber da muss ich Sie enttäuschen. Offenbar vergriffen."

Ich: „Und jetzt?"

Verkäuferin: Nehmen Sie einfach Y 98 AFK. ZWT – die müssten auch passen."

Ich: „Vermuten Sie das oder wissen Sie das?"

Verkäuferin: „Ich meine es zu wissen."

Habe ich also Swirl Y 98 AFK.ZWR für 7 Euro 99 gekauft.

Abends Susi Super: „Was hast du dir denn da andrehen lassen? Y 98! Wir brauchen Y 93! Man sieht doch schon auf der Verpackung, dass die für unseren Sauger nicht passen. Musst du umtauschen. Und wenn du schon da bist, bring doch noch Kaffee-Filtertüten mit…"

Schwer, einer Frau in die Arme zu fallen, ohne ihr später in die Hände zu fallen

Unser an Innovationen so reiches Privatfernsehen hat einen neuen Glückstreffer gelandet. Bei der Sendung „Hochzeit auf den ersten Blick" auf SAT.1 werden Mann und Frau auf dem Standesamt oder in der Kirche zusammengebracht, die sich noch nie zuvor gesehen haben. Die beiden Kandidaten sind quasi Überraschungseier, müssen nur „Ja, ich will" sagen – und dann sind sie ein Ehepaar, bis dass SAT.1 sie scheide.

Das Aufeinanderpacken von Partnern hat sich in Teilen der islamischen Welt ja schon sehr bewährt, etwa, wenn eine Zwölfjährige mit einem 92 Jahre alten Tattergreis vermählt wird.

Jetzt könnte man angesichts dieses TV-Formats den Kopf schütteln, aber warum eigentlich?

Auch in einer „ganz normalen" Ehe ist es doch so, dass man erst nach der Hochzeit merkt, was man für einen Blödmann oder eine Blödfrau geheiratet hat.

Als erfahrener Drei-Sterne-Ehemann habe ich die Erfahrung machen müssen, dass es zwei völlig unterschiedliche Befindlichkeiten gibt. Die eine ist VOR dem Ja-Wort, die andere DANACH. Frauen verändern sich in eigenwilliger Weise und nicht wenige, die man als Fee geheiratet hat, entwickelt sich zur Katastrofee. Aus Wein wird Essig. Vor dem „Ja" eine tolerante Weltbürgerin, später dann ein Meckerzicklein.

Es ist eben nicht leicht, einer Frau in die Arme zu fallen, ohne ihr in die Hände zu fallen. In meinem richtungsweisenden Buch „Müssen Frauen sein?" habe ich diese Erkenntnisse in dem Kapitel „Untergang durch Unterhalt – Einst machte ich ihr den Hof, heute mach' ich ihr die Treppe" geschildert. Aber lesen Sie selbst im nächsten Kapitel...

Untergang durch Unterhalt: „Früher machte ich ihr den Hof, heute mache ich ihr die Treppe"

„Früher machte ich ihr den Hof, heute mache ich ihr die Treppe."

Erinnern Sie sich noch an die 60er Jahre? Dann ist Ihnen vielleicht noch der Schlager „Der Dumme im Leben ist immer der Mann" in den Ohren. Hat es in der Welt des Liedgutes je einen Text mit noch größerem Wahrheitsgehalt gegeben?

Nachlässig ist der Mann schon, wenn er überhaupt heiratet. Er verliert wesentliche individuelle Grundrechte und vermehrt seine Pflichten. So sind Eheperspektiven zugleich auch immer Angstperspektiven.

Aber: Männer sind eben so optimistisch und arglos, dass sie im Rausch der Liebe der Guten nichts Böses zutrauen.

Manche Männer sagen „ja", ohne sich mit einem Ehevertrag abgesichert zu haben. Für solche Männer fehlt mir jedes Verständnis! Und dennoch müssen sie als abschreckendes Beispiel erwähnt werden.

Der Mann als Scheidungsopfer - das ist ein Thema, das von keiner Menschenrechtskommission der Welt wahrgenommen wird. Sogar Amnesty International - eigentlich zuständig für Gefangene - hält sich in dieser Sache bedeckt. Erst recht natürlich Rabenvater Staat! Was dieser finstere Geselle mit Männern anstellt, spottet jeder Beschreibung!

Gern behaupten Frauen, die Gesetze wären von Männern für Männer gemacht. Da kann man - auch angesichts dieses ernsten Themas - nur herzhaft lachen. Können es denn Männer gewesen sein, die derart männervernichtendes Gesetzeswerk schufen?

Wenn ein Mann sich, nachdem er der Segnung der Ehe teilhaftig wurde, zur Scheidung entschließt, um seinen Leben wieder einen

Sinn zu geben, dann kann er damit rechnen, dass er zum Zahlmeister befördert wird.
In aller Regel erwartet der Gesetzgeber vom Mann, dass er sich eine neue Bleibe sucht. Und das angesichts der angespannten Lage auf dem Wohnungsmarkt. Männerheime oder Bahnhofsmissionen sind in den seltensten Fällen eine Alternative.

Natürlich gibt es immer wieder Freunde, die, ist man in Bleibenot geraten, für ein paar Tage das Sofa zur Verfügung stellen.
Langfristig ist das keine Lösung.

Man muss also, sofern es noch vorhanden ist, ins elterliche Heim zurück. Das ist nur etwas für die ganz Starken, und man stelle sich vor: Mama und Papa haben einem eine ordentliche Schulausbildung ermöglicht. Sie haben einem die Welt gezeigt. Sie waren bei der Eheschließung ihres Filius nahezu verschwenderisch, haben dem jungen Glück noch finanziell unter die Arme gegriffen und sogar das neue Schlafzimmer bezahlt. Und sie wähnten ihren Jungen in Geborgenheit und Wohlstand.

Und jetzt steht eben dieser Sohnematz - 44 Jahre alt, bereits leicht ergraut und bauchlastig - mit einem Köfferlein vor der Tür und bittet seine Mutter um Unterkunft und eine warme Mahlzeit.

Gibt es eine deprimierendere Vorstellung als diese?

Wenn er Glück hat, kann er es sich wieder in seinem Kinderzimmer gemütlich machen, was ohne Frage auch von einer gewissen Tragik gekennzeichnet ist: Man ist wieder da, traurig, gescheitert, perspektivlos.

Wenn er sich schon mit seinem Schicksal halbwegs arrangiert hat, wird er eines Tages Post bekommen. Leider nicht von der Guten, die etwa ein versöhnendes Gespräch sucht. Nein! Die Post kommt vom Rechtsanwalt der Gattin, der kurz und knapp mitteilt, dass er seiner Frau jeden Monat einen runden Betrag von knapp 1000 Euro Unterhalt zu überweisen hat, ermittelt nach der berühmten Düsseldorfer Tabelle, die Unterhaltsansprüche regelt.

Und den Ruin des Mannes noch ganz neben-
bei, der vom Finanzamt gleich noch mit einer
schlechteren Steuerklasse bedacht wird: Untergang durch Unterhalt...

Jetzt ist der Mann auf dem Tiefpunkt. Er wird
bei den abendlichen Fernsehvergnügen mit
Mama recht unkonzentriert wirken. Mögli-
cherweise überwindet der Sohn diese Krise.

Wenn er Pech hat - und jeder Ehemann ist ja
zwangsläufig ein Pechvogel -, muss er nach
der Scheidung für seine Ex-Gute lebenslang
löhnen. Etwa, weil diese beim Vagabundieren
durch Bars und Discos einen Orthopäden
aufgerissen hat, der ihr ein schweres Rücken-
leiden attestiert, das ihr einen eigenen Broter-
werb nicht gestattet. Der derart Geprellte muss
damit rechnen, dass er bei der Scheidung von
der Familienrichterin hingestellt wird als ein
besonders verurteilungswürdiger Mensch, der
seine schwerkranke Frau im Stich gelassen hat.
Es gibt Fälle, da steht der Mann am Ende einer
Ehe da mit dem blanken Nichts. Allenfalls mit
dem blanken Entsetzen.

Erwähnt sei noch das traurige Schicksal von Herrn Peter L. aus Winsen an der Luhe. Dieser hatte mit einem lockeren 16-Stunden-Tag seinen kleinen Handwerksbetrieb auf Erfolgskurs gebracht. All seine Gewinne hatte er seiner Frau anvertraut, die jede Form von Berufstätigkeit ablehnte.

Als die Ehe in die Brüche ging, weil sie mit ihrem Tennislehrer auf Mallorca überwintern wollte, reichte Herr L. die Scheidung ein.

Das hätte er nicht tun sollen. Die Ex-Gute behauptete vor Gericht, ihr Mann sei gar nicht mit ihr, sondern die Firma geheiratet. Er habe ihr das in einer Ehe zustehende Gefühl der Liebe und der Zuwendung verweigert. Darüber hinaus habe er sie nicht zur Wahrnehmung beruflicher Aktivitäten motiviert, sondern sie in tiefe seelische Konflikte gestürzt. Das sah das Gericht natürlich ein. Es sprach Frau L. die Hälfte des „gemeinsam erarbeiteten Vermögens" zu - ein blanker Hohn. Das Haus durfte Frau L. behalten.

In einem Anfall von Großherzigkeit bot Frau L. ihrem Mann an, in die winzige Souterrainwohnung des einst gemeinsamen Hauses zu ziehen. Allerdings musste er sich verpflichten, kostenlos die Funktion eines Hauswarts zu übernehmen.

Als er eines Abends von Freunden zum Bier eingeladen wurde, sagte er: „Früher machte ich ihr den Hof, heute mache ich ihr die Treppe."

Der Diät-Wahn und die Frage: „Wie bleibe ich dick ohne zu hungern?"

Wer heute meinen Astralkörper und meinen Waschbrettbauch bestaunt, wird sich gar nicht vorstellen können, dass ich als Baby mal ein richtiger Moppel war. Ich wog bei der Geburt 5,5 Kilo – Spitzenreiter meines Jahrgangs 1950 in Berlin-Neukölln. Das brachte meiner gertenschlanken Mama Hella viel Mitgefühl: „Die arme Frau! Ihr Junge wiegt elf Pfund! Was soll aus dem später bloß mal werden…?"

Jawohl, ich startete mein Leben im Vollbesitz des Übergewichts. Dabei hatte das Wirtschaftswunder, das die Deutschen zu wahren Fressern machte, noch gar nicht begonnen! Ich aber entwickelte mich anders als erwartet: Ich wurde ein ganz normaler schlanker Knirps. Mein Zeugnis schmückte ein paar Jahre lang immer eine „1" in Sport. Ich spielte Fußball wie Ronaldo, sprintete über 100 Meter so schnell wie Usain Bolt…

Bis zu meinem 30. Lebensjahr war ich ein schöner Schlanker, ein Blickfang für die Frauen – und manchmal auch für Männer (Ein bekannter Schlagersänger, den ich interviewte, strich mir über den Oberschenkel, bewunderte meinen Samtanzug und sagte: „Schönes Material…"). Wenn ich heute meinem Sohn Max Fotos aus meiner Schön-und-Schlank-Phase zeige, sagt er: „Das bist nicht du, Papa! Soll man seinen Sohn anlügen…?"

Mit 30 begann mein Ehe-Marathon. Da legte ich prompt ganz schön zu. Auch in den Trennungs- und Scheidungsjahren. In der Folge übernahm meine Mama wieder meine Ernährung, und die hatte immer Angst, dass ich „vom Fleisch" falle. In diese Gefahr sollte ich nie wieder geraten.

Irgendwann merkte ich, dass ich beim Herrenausstatter immer häufiger auf Zwischengrößen verwiesen wurde… Einmal wollte ich mir in einer Boutique am Ku'damm ein Sakko kaufen, das mir im Fenster gefiel. Der schwule Verkäufer sah mich abschätzig an und flötete: „Na, ob wir das Ihrer Größe haben…"

Klar: Jetzt musste eine Diät her. Motto: „Die fetten Jahre sind vorbei!" Mit der „Brigitte"-Diät fing ich an, machte dann weiter mit der Atkins-Variante und interessierte mich für die Weight Watchers. Wie schön: In den folgen Jahren schlugen alle Diäten an, irgendwie. Mal nahm ich 16 Kilo ab, dann 10 Kilo, später 12 Kilo und sogar mal 22 Kilo. Insgesamt 60 Kilo.

Ich war das reinste Abnehm-Wunder. Leider auch ein Zunehm-Wunder. Weil man verlorene Pfunde erstaunlicherweise ganz schnell wiederfindet. Ein Phänomen!

Wenn diese eine Lebenshilfe gestattet sei: Der Dicke weiß, dass er dick ist. Man muss es ihm nicht extra sagen! Man würde ja auch einen Beinamputierten nicht darauf hinweisen, dass ihm da unten was fehlt. Das ist ihm durchaus „geläufig", wenn ich das mal etwas doppeldeutig sagen darf.

Den Korpulenten und Korpulentinnen (Neudeutsch!) widerfährt oft grobes Unrecht. Wie man liest, sind die Hälfte aller Frauen und zwei Drittel aller Männer in unserem Land übergewichtig.

Die Dicken bilden die Mehrheit. Und doch werden sie in unserer Gesellschaft ausgegrenzt – und kein Anti-Diskriminierungsgesetz nimmt sie in Schutz. Dabei leisten sie so viel fürs Land: Sie steigern das Bruttosozialprodukt, indem sie Schokoladen- und Chipsfabrikanten, Gummibärchen-Zahnplombenzieher, Pharma-Unternehmen, Apotheken und die Hersteller von sinnlosen Nahrungsergänzungsmitteln zu gewaltigen Umsetzen verhelfen.

Millionen stecken sie in Gebühren für Fitness-Studios, kaufen sich Klamotten und Nordic-Walking-Stöcker, verunstalten ihre Schlafzimmer mit Laufbändern und „Indoor Bikes"… Ein Vermögen geben sie aus! Sie verhelfen der Wirtschaft zu „satten" Gewinnen. Und, machen wir uns doch nichts vor, so ein fescher XXXL-Sarg ist auch nicht so preiswert wie eine einfache Holzkiste.

Ich will ja nicht unken: Aber wenn die Moppel sich weiter so schlecht behandelt fühlen, haben sie bald die fetten Faxen dicke!

Vor Jahren schon habe ich mir vorgenommen: Bernd, wenn die Zeit reif ist, dann schreibst du mal ein Buch mit dem Titel „Wie bleibe ich dick ohne zu hungern?".

Jetzt ist es da!

Wer Matratzen entsorgt, ist ein Mörder. Milben klagen an!

Vor einiger Zeit haben wir uns beschäftigt mit der Kleinen Hufeisennase, die nach Meinung von Tierschützern vom Aussterben bedroht ist, wenn es zum Bau der geplanten Dresdener Elbschlösschenbrücke kommen sollte. Wie gemeldet, waren Zweifel aufgekommen, ob der Bau der seltenen Fledermausart wirklich an den Kragen gehen könnte, ist sie doch mit Sensoren ausgestattet, die sie befähigt, jedem Hindernis aus dem Weg zu gehen beziehungsweise zu fliegen.

Nun sorgt ein weiteres kleines Tierchen für Schlagzeilen, und zwar die bauchige Windelschnecke. In Zechlinhütte (Ostprignitz-Ruppin) sollte im September an der Kreisstraße K 6814 eine Überquerung gebaut werden, aber die Maßnahmen sind erst einmal gestoppt worden, weil man sich um Schutzmaßnahmen der vom Aussterben bedrohten Windelschnecke kümmern muss. Um die Brücke zu bauen, müssten zu allem Überfluss auch noch eine große Anzahl von Linden gefällt werden – was den Verlust von Nistplätzen für Fledermäuse zur Folge hätte. Tierschützer weisen darauf hin, dass man versäumt habe, sich bereits vor Planung des Brückenbaus um die Naturschutzbelange zu kümmern. Und dass es nicht lächerlich sei, sich um kleinere Tierarten zu sorgen, seien doch die einzelnen Arten ein Indikator für einen intakten Lebensraum.

So weit, so gut. Trotzdem stellt sich die Frage, ob in Deutschland überhaupt jemals wieder eine Brücke gebaut werden kann, zumal durch den Abriss der deutsch-deutschen Grenze und der Berliner Mauer bereits zahlreiche Tierarten der Lebensraum genommen wurde. Kein Wunder, wenn heute niemand mehr von der einzigartigen Lichtenrader lilabrustfarbenen Mauerkröte spricht. Der Fall der Grenze – ein schwerer Naturfrevel war die Folge. Man hätte sich das genau überlegen sollen…

Susi Super, die grundsätzlich alle Bedenken von Tier- und Naturschützern teilt, hat mir

vorgeworfen, ich hätte mich mit meinem Beitrag in der vorigen Woche über eine Minder-
heit lustig gemacht, nämlich über die Kleine
Hufeisennase. Vorgestern kam es nun zu
einem heiklen Dialog.

Ich: „Wir sollten uns mal wieder neue Matratzen gönnen."

Susi: „Endlich mal eine gute Idee von dir."

Ich: „Heißt das, du bist einverstanden?"

Susi: „Ja, natürlich!"

Ich: „Will mich nur vergewissern, immerhin
kostet die Entsorgung der Matratzen
Millionen Milben das Leben."

Susi: „Du bist blöd!"

Ich: „Mag sein, stimmt aber. Die Hausstaub-
milben sind einen halben Millimeter groß und
mit bloßem Auge nicht zu erkennen. Sie sorgen für Allergien und fühlen sich in Matratzen
besonders wohl."

Susi: „Milben sind ja wohl keine richtigen Tiere…"

Ich: „Doch. Ich habe gelesen, es sind Spinnentiere mit acht Beinen, verwandt mit den Zecken. Wenn du dich wohlig im Bett räkelst, machen Milben unter dir Party."

Susi: „Ihhhhhhh! Das ist ja widerlich. Lass uns die Matratzen noch heute entsorgen, sofort."

Ich: „Du solltest aber bedenken, dass es sich um Lebewesen handelt, die wir vernichten."

Susi: „Das ist mir scheißegal!"

Ich: „Auch Milben haben eine Mutter, einen Vater, eine liebe Omi, vielleicht auch Geschwister. Wir wissen doch gar nicht, was in ihnen vorgeht. Vielleicht sind sie freundlich, gesellig, weltoffen, und die Muttis backen ihren Kleinen zum Geburtstag einen leckeren Hornhautkuchen. Ganz possierliche, liebenswerte Wesen…"

Susi: „Du bist pervers! Meine Freundinnen hatten mich gewarnt. Los, komm, schnell weg mit dem Zeug."

Ich: „Okay, aber nur, wenn wir es keinem erzählen. Ich möchte nicht wieder hingestellt werden als einer, dem das Schicksal von Gottesgeschöpfen gleichgültig ist."

Susi: „Ein Wort noch, und ich entsorge dich gleich mit!"

Liebe Leserinnen, liebe Leser, für den Fall, dass Sie in den nächsten Wochen von mir nichts mehr hören, wissen Sie, was mir widerfahren ist. Susi Super wird eine Todesanzeige aufgeben: „Plötzlich und unerwartet ist mein geliebter Mann beim Matratzenentsorgen ums Leben gekommen…"

Meinen größten Erfolg beim Fußball hatte ich im Knast

Zu den Vorzügen im alten „West-Berlin" gehörten kräftige Steuervergünstigungen, die „Berlin-Zulage" für Arbeitnehmer (Standort-Beihilfe) und die fehlende Sperrstunde für Kneipen. Und keiner konnte angesüffelt mit dem Auto aus Versehen die Stadt verlassen, weil da ja die Mauer war.

Außerdem mussten (durften) wir Berliner nicht zur Bundeswehr, was der geteilten Stadt einen regen Zustrom von jungen Männern aus Wessi-Land bescherte. Natürlich waren endlose Diskussionen in Kneipen bei Bier mit Persiko auch angenehmer, als mit der Knarre im Arm durch Unterholz und Schlamm zu robben. Konnte ich auch immer gut verstehen.

Für Schauspieler und uns Journalisten war der nächtliche „Tatort" das Restaurant „Diener" in der Charlottenburger Grolmanstraße (ist noch heute einer der am häufigsten falsch geschrie-benen Straßennamen Berlins.

Der Namensgeber aus der alten Offiziersfami-
lie hatte wirklich nur ein „n"). Die Schauspieler schlugen da auf, wenn der Vorhang gefallen
war, und die Pressefritzen nach Redaktions-
schluss. So trafen sich hier Mimen, Mimosen
und Möchtegerns.

„Diener" (gegründet vom ehemaligen
Boxer Franz Diener, der mal seinem Freund
Max Schmeling unterlag, war unser zweiter
Wohnsitz. Mein Freund Hugo Egon Balder
nahm sich sogar über der Kneipe eine Woh-
nung, so kam er immer gut nach Hause.

Natürlich war Juhnke da und die anderen
Stars von TV und Bühne. Auch Klaus Kinski.
Dass er mich mal zwei Tage nach der letz-
ten gemeinsamen Zecherei „Du Arschloch!"
nannte, gehört zu meinen großen beruflichen
Erfolgen…

Dann kam es auch zu meinem größten sportli-
chen Erfolg, nachdem wir beschlossen hatten,
eine eigene Fussball-Kneipenmannschaft zu
gründen. Das brachte uns sogar mal in den

Knast – als Gastmannschaft in der Strafvollzugsanstalt Tegel. Die Knackis waren natürlich spitz auf uns, und wir waren von der Nacht zuvor noch leicht bedröhnt.

Natürlich hatten wir keine Chance. Aber ich hatte einen großen Auftritt im Kampf gegen die schweren Jungs. Kurz nach dem Anpfiff – ich trug die Rückennummer 8 – machte ich das 1:0 für uns. Dabei war ich nur erschreckt, als mich der gewaltige Bumms des gegnerischen Verteidigers niederstreckte. Aber der Ball prallte von mir ab und ging ins Tor. Ich war völlig konsterniert und bekam nur mit, wie 500 Knackis fröhlich skandierten: „Der Achter bleibt hier! Der Achter bleibt hier!"

Zum Schluss hatten wir 1:12 verloren. Wie schön: Ich musste nicht im Knast bleiben… Unsere fußballerischen Fähigkeiten waren halt begrenzt. Wie immer eigentlich. Ich glaube, wir haben nur einmal ganz knapp gewonnen. Da spielten wir aus Versehen mit zwölf Leuten und die aus einer anderen Kneipe nur mit sechs, weil ihr kompletter Sturm noch im

Koma lag. Die vom „Diener"-Bierzapfer Rolf verordnete Taktik „alle vorne, alle hinten" ging nie so recht auf.

In unserer Mannschaft spielte auch Claus-Theo Gärtner („Matula") mit, einmal auch Mario Adorf. Hugo Egon Balder im Tor, weil er nicht gerne lief - auch heute noch nicht.

Nur manchmal, da ging er während des Spiels ins Vereinshaus, um sich eine Bockwurst zu holen… Etwas später bevorzugte er dann „Tutti Frutti"…

Kurios: Für eine Reportage musst ich vor einem Jahr mal wieder in die Strafvollzugsanstalt Tegel („Der Achter bleibt hier!").

Sagte morgens zu Susi Super: „Schatz, ich gehe jetzt mal in den Knast!"

Darauf sie, gewohnt kess: „Lass dir Zeit. Ich komme schon klar…"

Chauvi-Special: Bier hat keine Beine! Warum holt sie es ihm nicht?

Dieser Beitrag aus meinem Buch „Müssen Frauen sein?" hat mir fast die „Saure Gurke" - ein bekannter Chauvinisten-Preis - einer frauenbewegten (und humorresistenten) Berliner Abgeordneten eingebracht. Die hatte einfach nicht kapiert, dass es sich um eine Satire handelte – und dass der Mann nicht Täter, sondern Opfer ist. Aber lesen Sie doch selbst…

Verehrte Damen! Sie als Frau stehen heute am Scheideweg! Entweder verfolgen Sie weiter den irrigen und menschheitsgefährdenden Kurs der Vermännlichung weiter, oder Sie entschließen sich – bevor es zu spät ist – zum schöpfungsgewollten Dienst am Mann zurückzukehren. Hier ein paar Tipps zum Überleben…

Machen Sie sich hübsch für IHN!

Kittelschürzen, ausgebeulte Jogginghosen und Lockenwickler sind in SEINER Gegenwart tabu. Legen Sie Rouge auf, und greifen Sie zu SEINEM Lieblingsduft, bevor ER nach Hause kommt. ER darf niemals den Eindruck haben, dass Sie sich nur für auswärtige Anlässe schön machen. Wenn ER erst einmal erzählt, dass SEINE Sekretärin eine neue Frisur hat, kann es schon zu spät sein. Sie hätten vorbeugen müssen!

Halten Sie IHM den Rücken frei!

Sie ehren sich und IHN, wenn Sie zusätzlich Funktionen und Verantwortungsbereiche übernehmen: Auf Tankstellen, Postämtern, in Kaufhäusern, beim TÜV und in Chemischen Reinigungen haben Männer nichts verloren. Dort treffen sich nur die Gescheiterten. Soll Ihr Mann zu den Gescheiterten gehören? Und empfinden Sie es nicht als entwürdigend, Ihren Mann am Wurststand im Supermarkt zu sehen?

Entdecken Sie den Reiz des Dienens und die Chance, IHM dienen zu dürfen!

Dienen macht Freude! Und es gibt Gelegenheiten genug, IHM eine Freude zu machen. Bier zum Beispiel hat keine Beine, und keine Flasche kommt allein aus dem Kühlschrank auf den Tisch. Soll ER das Bier vielleicht holen? Ist das nicht Ihre Aufgabe? Ihren Töchtern sollten Sie auf das spätere gesellschaftliche Leben bestens vorbereiten.

Erraten und erfüllen Sie SEINE geheimsten Wünsche!

Gibt es denn für Sie als Frau einen beglückenden Anblick als IHN – an Ihrer Seite schlafend – mit dem Ausdruck der Sättigung und Erfüllung im Gesicht? Das ist Ihr Werk!

Halten Sie IHN bei Laune: Nicht zanken, sondern danken!

Sicher hat auch ER mal nicht recht – kein Mann ist ohne Fehl. Und wer viel tut, macht auch mal was falsch. Deshalb behandeln Sie IHN mit Nachsicht und ehrendem Verständnis. Es wirkt nachhaltiger, IHN sanft und diplomatisch auf ein Missgeschick hinzuweisen statt ihm Vorhaltungen zu machen.

Etwa: „Ich weiß, wie schwer du es hast und was du alles für uns tust. So eine Kleinigkeit bringe ich gern schon wieder in Ordnung…" Dankbar wird ER Sie in den Arm nehmen. Ist das nicht ein lohnendes Ziel?

Hausputz ist nichts für IHN!

Verfallen Sie bitte nicht in die Marotte, IHN in Küchen- und Haushaltsarbeiten einzubeziehen. Vor allem: Niedere Arbeiten wie Wischen, Waschen, Nähen, Bügeln, Kochen, Fensterputzen gehören nicht unter SEINE Augen!

Soll ER nicht immer glücklich sein?

Sehen Sie den Tatsachen ins Auge! In allen Lebenslagen und besonders im Auf und Ab des Beziehungs- und Ehealltags gilt die Goldene Hausregel:

Ihr Mann ist so gut, wie Sie IHN behandeln…

Susi und ihre bösen Unterstellungen: „Nein, ich war nicht im Puff!"

ACH, DU DICKES FRÜHSTÜCKS-EI!

Susi Super: „Wir müssen reden!"

Ich: „Das klingt ja wieder mal sehr vorwurfs-voll… Hab ich deiner Mama keinen Kuss gegeben, als sie sich neulich auf den Heimweg machte?"

Susi: „Als ob ich mich darüber noch aufregen würde… Nein, was ich wissen will: Wie gefällt dir denn der sogenannte „Sauna-Club" Arte-mis?"

Ich: „Da war ich noch nie!"

Susi: „Und warum hing vor ein paar Tagen eine Eintrittskarte aus deinem Sakko?"

Ich: „Das war keine Eintrittskarte, das war ein Werbe-Flyer, hat mit jemand am Ku'damm in die Hand gedrückt. Da kriegt man ja andauernd was zugesteckt. Neulich sogar einen Prospekt von der Heilsarmee!"

Susi: „Von der Heilsarmee habe ich bei dir komischerweise noch nie was gefunden…"

Ich: „Hab ich gleich weggeschmissen!"

Susi: „Aber das vom Puff nicht, muss dir ja was dran liegen!"

Ich: „Ist das hier ein Tribunal, oder was? Ein Wort noch – und ich gehe…"

Susi: „…ins Artemis?"

Ich: „Nein, zur Heilsarmee!"

Susi: „Der Tag fängt ja gut an… Mein Gott, was habe ich mir da angelacht? Dabei hatten mich alle gewarnt: meine Freundinnen, meine Eltern, meine Geschwister, sogar deine eigene Mutter…"

Manchmal möchte ich viel lieber alleine frühstücken.

Frauen lästern über ihre drolligen Kerle: „Männer werden im Alter immer schrulliger!"

Männer werden in zunehmendem Alter immer schrulliger! Zu dieser Erkenntnis sind meine drei älteren Schwestern gekommen. Wenn wir uns sehen, reden sie über alles, was unsere bunte Medienwelt so hergibt. Und sie reden auch sehr gern über ihre Männer. Hier ein paar Aussagen von drei reifen Frauen, die namentlich nicht genannt werden möchten...

Schwester A: „Stellt euch das mal vor: Seit 33 Jahren trinken wir morgens zum Frühstück Kaffee. Vorige Woche sagt er: ‚Ich habe in meinem Leben noch nie gerne Kaffee getrunken. Ich hasse Kaffee.' Und warum hast du mir das nie gesagt?, fragte ich. Da meinte er: ‚Ich dachte, du würdest es mal merken!'"

Schwester B: „Wenn bei uns zu Hause das Telefon klingelt und mein Mann geht ran, verstellt er in letzter häufig seine Stimme und meldet sich mit der eines Dreijährigen: ‚Hallo,

wer bittu denn?' fragt er. Und wenn der An-
rufer verdutzt reagiert, meint er: ‚Ich geb dir
mal Mami.' Dann freut er sich und tanzt wie
Rumpelstilzchen. Zu Ostern wünscht er sich
einen Teddybär. Ich glaube, er entwickelt sich
langsam zurück. Irgendwann will er wieder
die Brust."

Schwester C: „Mein kleines Glück kommt ja
meistens erst zwischen sieben und acht von
der Arbeit oder vom Golfplatz nach Hause.
Ich stelle ihm dann seinen Abendbrotteller mit
zwei Schnitten hin. Dazu gibt es immer ein
paar kleingeschnittene Tomaten und vier bis
fünf Camembert-Eckchen. Das genießt er seit
Jahren! Jetzt meint er vorgestern zu mir, fast
vorwurfsvoll: ‚Ich wollte es dir immer schon
mal sagen, aber ich mag abends keine Tomaten, und ein Käsefreak bin ich auch nicht. Ich
dachte, du wüsstest das...'"

Jetzt lachten wir alle, und meine drei Schwestern wirkten irgendwie erleichtert, dass sie das
mal loswerden konnten. Und als hätten sie ein
schlechtes Gewissen und etwas

gutzumachen, hoben sie ihre Champagner-gläser, und die eine meinte: „Auf das, was wir lieben. Auf unsere Männer!" Und dann ging es weiter...

Schwester B: „Ihr glaubt gar nicht, wie pein-lich mir das ist, wenn mein Mann auf Par-tys oder Empfänge wildfremden Menschen erzählt, dass er als Jugendlicher mal zwei Tage lang im Knast gesessen hat, weil er beim Koh-lenklau erwischt worden ist."

Schwester C: „Das ist ja wenigstens noch interessant. Aber meiner hält mitunter lange Vorträge darüber, dass früher die Streusel auf dem Streuselkuchen viel größer waren als heu-te. Das interessiert kein Schwein."

Schwester A: „Wir waren im vorigen Jahr auf einer Kirmes in Schleswig-Holstein. Da hat er bei einer Tombola eine Jagdwurst gewonnen. Ich habe ihn noch nie im Leben so glücklich gesehen – nicht bei unserer Hochzeit, nicht bei der Geburt unserer Kinder.
Er hielt die Jagdwurst hoch wie eine

Trophäe, küsste sie, sprang umher und rief: ‚Ich habe sie gewonnen. Ich habe eine Jagdwurst gewonnen!' Ich fragte ihn dann, was es denn mit dieser blöden Jagdwurst auf sich habe. Und er antwortete: ‚Seit meiner Kindheit ist das meine Lieblingswurst. Aber die kaufst du ja nie ein...' Hätte er ja auch mal was sagen können."

Schwester B: „Zum Frühstück mische ich für ihn immer ein halbes Becherchen Maracuja-Joghurt mit einem halben Becherchen Vanille-Joghurt. Da schneide ich dann eine Banane rein. Seit etwa fünf Jahren. Ich esse immer Quark mit Ananas. Gestern sagt er: ‚Warum krieg ich eigentlich keine Ananas? Macht dir wohl zu viel Arbeit, was?' Sind sie nicht drollig, die Kerle?"

Großes Gelächter. Dann zahlte Schwester C die Rechnung. Mit der Scheckkarte ihres Mannes.

„Hamsterkäufe" für den Notfall: Wo sollen plötzlich Milliarden Hamster herkommen?

Moooooooment mal! Sollten wir wirklich alle Hamsterkäufe tätigen, wozu uns die Bundesregierung in ihrem Zivilschutzgesetz anregt?

Viel zu groß ist doch die Gefahr, dass die Gattung der possierlichen Nager von der Tierliste für alle Zeiten gestrichen wird.

Die „Hamsterkäufe" sollen uns mindestens zehn Tage lang am Leben halten. Da braucht eine vierköpfige Familie etwa 40 Hamster am Tag, wenn man zehn Hamster pro Person und Tag rechnet. 400 Hamster für zehn Tage – da dürfte wohl der Nachwuchs maulen: „Manno, schon wieder Hamster… Ich will Pizza…"

Wenn man den Bedarf an Hamstern hochrechnet, benötigen wir Milliarden Nager für die gesamte deutsche Bevölkerung. Und kein Mensch weiß, ob unsere ausländischen Gäste aus anderen Kulturkreisen überhaupt Hamster essen. Erste Bedenkenträger äußern sich besorgt. Vertreter der Grünen ringen bereits mit den Tränen, wenn sie daran denken, dass auch unseren Freunden aus Nordafrika das Hamsterfutter zugemutet wird.

Die Hamsterfrage ist ein neues deutsches Problem. In den Zoohandlungen des Landes gibt es schon seit Tagen keine Hamster mehr. Sie stecken alle schon in der Vorratsspeicherung. Auch kleine Käfige und Laufräder sind vergriffen. Die ersten Fachgeschäfte haben ihre Bude dichtgemacht und mit Brettern zugenagelt. Auch ein hinweisendes Schild ist schon gesichtet worden: „Hamster sind aus!"

Natürlich stellt sich auch die Frage, wie die Bevölkerung an ausreichend Hamsterfutter kommen soll, denn die lieben Kleinen sollen ja nicht völlig abgemagert sein, wenn sie zubereitet werden – als Gulasch etwa oder als Braten mit ihren saftigen Keulen. Auch ein Hamster hat ein Recht auf Vorräte!

Die Deutschen haben sich sofort reichlich mit Hamsterfutter eingedeckt. Engpässe sind die Regel. Die Hersteller von Tiernahrung haben sich schon bei der Regierung beschwert, auf die Pläne nicht rechtzeitig hingewiesen worden zu sein.

„Hamsterkäufe" kennen ältere Bürger noch zu der Zeit der Bedrohung durch die Russen. Aber nach dem Fall des „Eisernen Vorhangs" hat sich dieses stolze Volk im Osten zu einem „lupenreinen" demokratischen Gefüge entwickelt, das uns keine Angst mehr vor ihrer Atombombe macht – dafür ist Herr Putin viel zu sehr mit der Ukraine, der Krim und Syrien beschäftigt.

Jaaaa, sagt der Innenminister, es geht bei dem Zivilschutz auch um Naturkatastrophen wie Hochwasser und auch um die Gefahren terroristischer Angriffe.

Könnte also schon sein, dass wir den Rest unseres Lebens in einem Überlebens-Camp zubringen. Das wäre vielleicht nicht so schlecht, weil uns dann niemand dazu zwingen würde, unser Notlager zu verlassen, um zur Wahl zu gehen…

Einstellen muss sich die Bevölkerung allerdings darauf, dass die Hamster, unsere Lebensretter, nachtaktive Geschöpfe sind. Sie machen lärmend Party in ihren Laufrädern, wenn wir zu schlafen versuchen. Schlafentzug, man weiß es, ist eine Art der Folter, die letztlich jeden zur Strecke bringen kann. Die Selbstmordquote wird drastisch ansteigen. Eine ganz neue Katastrophe steht da ins Haus.

Wie beruhigend, dass sich unsere an Weisheit und Weitsicht nicht zu überbietende politische Führung sicher auch darauf einstellen wird. Und die Deutschen in ihren Katakomben werden sich wehmütig an die gute alte Zeit erinnern, als das Hamstern zum Survival-Trip wurde. „Ja, es war eben nicht alle schlecht früher…"

Übrigens: Führende deutsche Weinexperten sind sich noch nicht ganz einig darüber, was der gepflegte Trinker zum „Hauptgang mit Hamster" bevorzugen wird. Aber mit einem leichten Rotwein wird man nichts falsch machen. Bitte berücksichtigen Sie auch den Rotwein bei der Vorratsbeschaffung!

Susi findet, dass ich fürs Ostereier-Suchen zu alt bin

ACH, DU DICKES FRÜHSTÜCKS-EI!

Ich: „Früher wurde mal das eine oder andere Osterei versteckt. Das Suchen hat doch immer Spaß gemacht...“

Susi Super: „Das macht man, wenn man kleine Kinder hat! Du entwickelst dich immer mehr zurück. Irgendwann willst du wieder auf den Arm...“

Ich: „Ich sag ja nur...“

Susi: „Aber bitte nicht so vorwurfsvoll! Du mit deinem Rücken kannst doch gar nicht mehr hier durch die Wohnung robben, hast ja schon Mühe, deinen Golfball aufzuheben...“

Ich: „Ich weiß, ich weiß, Übertreibung ist ja dein zweiter Vorname!“

Susi: „Übrigens: Der blaue Beutel an der Tür ist kein Designer-Stück! Das ist Müll! Du bist schon dreimal dran vorbei gelaufen...“

Ich: „Und das schwere Ding soll ich runter tragen, ja? Mit meiner Bandscheibe!!!“

Susi: „Siehste! Sag ich doch. Vom Leben gebeugt, aber Eier suchen wollen!“

Manchmal möchte ich viel lieber alleine frühstücken.

Neues Problemfeld entdeckt:
Altersarmut bei „Lebenslänglichen"

Berliner Knackis wollen eine eigene
Gewerkschaft gründen. Das himmelschreiende
Unrecht, das ihnen widerfährt, könnte damit
ein Ende haben. Führende Gewerkschafts-
Funktionäre, die allesamt mehr verdienen als
die Kanzlerin, sollen dem mutigen Projekt
aufgeschlossen gegenüberstehen, heißt es.

Initiatoren der IG Knast sind zwei Insassen
der JVA Tegel. Der eine sitzt wegen Gründung
einer kriminellen Vereinigung, der andere
wegen Raub. Beide bereiteten Blanko-Unter-
schriften mit der Überschrift „Gefangenen-
Gewerkschaft der JVA Tegel" vor.

Von den 4100 Häftlingen in Tegel verlassen
zwischen 60 % ihre Zellen, um Bücher zu
binden, Möbel zu bauen, Visitenkarten zu
drucken etc. Ihr Tageslohn beträgt zwischen
8,96 Euro und 14,93 Euro. Der Umsatz, den
die Anstalt pro Jahr mit den Produkten erzielt,
liegt bei sieben Millionen Euro.

Forderung: Wesentlich mehr Lohn und Zahlungen in die Rentenkasse! Die GRÜNEN, bekanntlich immer am Puls der Zeit, wenn es um soziale Missstände geht, haben auch schon ihren „Rechtsexperten" in die Bütt gestellt. „Gerade Langzeit-Straflern droht später Altersarmut", befürchtet er.

Ich sehe schon das tränenbereite Gesicht der grünen Betroffenheits-Mutti Claudia Roth, die, bestens versorgt, ihrer Pension als Bundestags-Vizepräsidentin entgegenflennen darf. Diese Personalie ist für mich immer noch die spektakulärste Beförderung, seitdem der römische Kaiser Caligula sein Pferd zum Konsul ernannt hat.

Stete Nähe reizt zum Mord. Warum sich viele Paare nach dem Urlaub trennen

Freunde des sonntäglichen „Tatort"-Rituals werden es mit Sorge zur Kenntnis genommen haben: Die ARD will die Produktionskosten senken. Jede Folge des Quoten-Giganten kostet im Schnitt 1,4 Millionen Euro – rund 15 500 Euro pro Minute.

Als Gebührenzahler ist es unsere Pflicht, am Sparkonzept mitzuwirken und Vorschläge einzureichen; denn immerhin werden für alle „Tatort"-Folgen zusammen im Jahr an die 40 Millionen Euro gestrichen.

Hier schon mal meine Spar-Ideen:

Es sollten weniger Leute erschossen werden! Dann würden geringere Reinigungskosten für Blutspuren anfallen.

Die Rolle der jungen Frauen, die in erstaunlicher Regelmäßigkeit tot im oder am

Baggersee gefunden werden, könnte man durchaus auch mit einer einzigen Multifunktions-Puppe besetzen – mehrfach verwendbar! Zumal es ja ohnehin für begabte Nachwuchs-Schauspielerinnen beschämend ist, ihre Karriere als „Tatort"-Leiche zu beginnen.

„Runterfahren" ließe sich auch das omnipräsente nackte Hinterteil von Til Schweiger, wo doch sowieso schon die Maskenbildnerinnen darüber maulen, dass ihr Job quasi für den Arsch ist.

Ein riesiger Kostenfaktor ist zum Beispiel die Verpflichtung von mafiösen Schlepper-Banden aus dem Ostblock. Die kommen doch alle gleich mit ihren ganzen Familien und haben irgendwann Ansprüche auf soziale Integration. Denkt denn keiner an die Folgekosten?

Überhaupt: Die beliebten Leichenfledderer sind viel cooler als die vielen psychisch gestörten Ermittler, die alle unter der Last von eigenen Schicksalsschlägen durch die 90 Krimi-Minuten irren.

Tja, ihr lieben „Tatort"-Helden – eure Zukunft ist offenbar Vergangenheit. „Das Erste" wird letztlich sogar die Anzahl der neuen Folgen reduzieren. Nicht auszuschließen, dass die Sendezeit gekürzt wird, vermutlich auf 15 Minuten. Das reicht auch völlig aus, um sich für eigene Mordpläne inspirieren zu lassen. Und darum geht's doch letztlich in einem Krimi, oder?

Ach, ja: Der „Tatort" heute heißt „Machtlos", ist eine Wiederholung aus dem Vorjahr und wird – für alle, die ihn verpassen – um 0.25 Uhr von Montag auf Dienstag zum wiederholten Male wiederholt. Das Sparen hat schon begonnen...

Kleine Bau-Verhinderer: Juchtenkäfer, der Rote Milan und die Zauneidechse

Kennen Sie den Schnepfenvogel Knutt? Er stoppt gerade ein großes Bauprojekt in Hamburg. Umweltschützer haben den kleinen Flattermann für ihre Zwecke entdeckt, um gegen die geplante Elbvertiefung zwischen Hamburg und Cuxhaven vorzugehen.

Der Knutt steht auf der „Roten Liste" der vom Aussterben bedrohten Tiere. Der Bund für Umwelt und Naturschutz (BUND) und der Naturschutzbund (NABU) sehen den Schnepfenvogel gefährdet, weil er auf seinem Frühjahrszug von der Westküste Afrikas zu seinen Nistplätzen in der sibirischen Tundra an der Elbmündung im Dithmarscher Watt eine kurze Rastpause macht. Und weil eben diese geplante Vertiefung die Strömungslage verändert, woran der Knutt zugrunde gehen könnte, heißt es.

So viel Rücksichtnahme hat in unserem Land eine lange Tradition: Immer, wenn den Gegnern großer Bau-Vorhaben die Argumente ausgehen, kommt von irgend-woher rettender Beistand geflogen, geflattert, gekrochen, gekrabbelt oder geschwommen.

Der Knutt, jetzt im Einsatz gegen die großen Containerschiffe, hat bekannte Kollegen. Wie etwa den Juchtenkäfer, der plötzlich im Kampf gegen den Stuttgarter Bahnhof ins Rennen geschickt wurde und einen Baustopp bewirkte, weil sein Habitat vier Zentimeter unter der Rinde der zu fällenden Bäume ist.

Zu den großen Verhinderern anderer Projekte gehören noch der Kammmolch, der Feldhamster, der Wachtelkönig, der Rote Milan, die Zauneidechse und der Schlammpeitzger.

Ein Wunder eigentlich, dass die Berliner Mauer und die von der DDR mit viel Liebe angelegten deutsch-deutschen Grenzanlagen abgerissen werden durften. Dort hatten sich

Flora und Fauna einzigartig entwickelt – ein zu schützender Lebensraum für seltene Tiere und Pflanzen. Ein großer Verlust, der auch von Helmut Kohls versprochenen „blühenden Landschaften" nicht ausgeglichen werden konnte...

Susi will nichts mehr essen, was mal eine Mama hatte...

ACH, DU DICKES FRÜHSTÜCKS-EI!

Susi Super: „Wir müssen reden!"

Ich: „Haben wir doch vorige Woche schon!"

Susi: „Pass auf: Ich möchte, dass wir unsere Ernährung radikal umstellen. Vor allem kein Fleisch und kein Fisch!"

Ich: „Was hast du denn gegen Fisch?"

Susi: „Ich möchte nichts mehr essen, was mal eine Mutter hatte!"

Ich: „Dann iss doch Fischstäbchen. Die haben keine Mutter. Ich habe jedenfalls noch nie eine Fischstäbchen-Mama gesehen..."

Susi: „Logisch, die erkennst du ja nicht mehr. Wenn ich dich durch einen Fleischwolf drehe, bist du auch nicht mehr zu erkennen."

Ich: „Ach, ich bin ja nicht eitel. Okay, dann essen wir mehr Nudeln. Sag mir bitte nicht, dass zum Beispiel eine Krausband-Nudel Ma und Pa und Opi und Omi hat..."

Susi: „Mit dir kann man sich einfach nicht unterhalten!"

Ich: „Ich wollte mich ja gar nicht mit mir unterhalten. Du wolltest das! Bei der Gelegenheit: Abends Spargel und Schnitzel – das bleibt aber noch dabei?"

Susi: „Natürlich! Tofu-Schnitzel sind gerade im Angebot!"

Manchmal möchte ich viel lieber alleine frühstücken.

Warum Frauen auf Sex, aber nicht auf ihre Tagescreme verzichten können

Es gilt als erwiesen: Wer verheiratet ist, lebt länger. ABER: Wer länger lebt, ist auch länger verheiratet. Tja, so gleicht sich eben alles wieder aus...

Fast jede zweite Ehe landet in Deutschland vor dem Kadi. Man kann sagen: Die Ehe ist irgendwie endenwollend. Ein positives Element ist, dass ganze Branchen von der Scheiderei leben.

Anwälte zum Beispiel würden ohne den Trennungswahn ihrer Klienten ein trauriges Dasein fristen. Sie leben von den Gescheiterten. Auch Familienrichter, Psychotherapeuten und Wohnungsmakler, Einrichtungshäuser und Single-Vermittlungsbörsen profitieren von den Orientierungslosen.

Scheidungen tun weh. Männer zum Beispiel leiden zuweilen an dem Verlust der Schwiegermutter, weil sie – im Gegensatz zur Ex-Guten – so wunderbare Kohlrouladen kochen konnte.

Das nahende Ende einer Beziehung ist unüberhörbar. Wenn man nicht mehr miteinander spricht, sind alle Messen gesungen. Das schöne deutsche Sprichwort „Reden ist Silber, Schweigen ist Gold" verkehrt sich hier ins Gegenteil.

Noch bevor sich dieses Signal des nahenden Endes zeigt, gibt es Hinweise, und zwar verbaler Art. Wenn er nach dem Sex sagt: „So, das hätten wir also auch geklärt!" - dann ist vorbei mit lustig. Das ist dann eher eine Verrichtung als eine Vereinigung. Terror!

Die Soft-Variante der Trennungs-Absicht lautet:

„Schatz, wir müssen reden!"

Wenn dieser meistens von Frauen gesprochene Satz fällt, kann er schon gleich die Koffer packen. Sie will gar nicht mehr reden. Jedenfalls nicht mit ihm. Sie hat seinen Abgang geplant, und wenn sie es gut mit ihm meint, dann hat sie sogar einen Unterschlupf für ihn organisiert.

Hart für ihn, aber immer noch besser, als seine Sex-Nummer mit dem „so!" zum Abschluss (kann man in diesem Fall eigentlich überhaupt von einer Sex-Nummer reden?).

Übrigens: 55 Prozent der Frauen würden eher auf Sex als auf ihre geliebte Tagescreme verzichten. Die größte Konkurrenz für den Mann lauert eben im Bad!

Gern würde ich noch mehr von meinen Ehe-Klugereien loswerden, aber im Hintergrund höre ich gerade Susi Super mit sehr entschlossener Stimme: „Schatz, wir müssen reden..."

Wir brauchen diese Erde nicht. Wir haben eine neue...

Dieser Tag beginnt mit einer wirklich guten Nachricht! Wir können unseren Planeten nämlich ganz getrost weiter zur Sau machen, Regenwälder abholzen, die Luft verpesten und die Meere zu einer schmierigen Öl-Lake werden lassen. Über Jahrzehnte wurde uns weisgemacht, dass der Mensch die Erde braucht, aber die Erde nicht den Menschen. Kaum zu glauben: Das haben wir wirklich mal alle geglaubt!

Jetzt endlich die Wende der Erkenntnis! Die Erde kann uns mal. In 1,7 Milliarden Jahren wird es hier ohnehin viel zu heiß sein, weil die Sonne sich immer weiter aufbläht. Und da hilft auch keine Sonnenmilch mit höchstem Schutzfaktor! Wir müssen uns dann sowieso hier dünne machen, und da trifft es sich gut, dass es einen Planeten gibt, der quasi der Cousin der Erde ist...

US-Forscher haben mit einem Kepler-Teleskop unsere NEUE HEIMAT entdeckt – einen Planeten, der wie kein anderer der Erde ähnelt. Noch hat er einen gewöhnungsbedürftigen Namen: Kepler-186f. Aber den kann man ja ändern. Unser neuer Asylgeber befindet sich im Sternbild Schwan – in der Milchstraße. Er ist, zugegeben, etwas weit weg. Wenn ein Raumschiff mit Lichtgeschwindigkeit fliegen könnte (wozu es leider noch nicht in der Lage ist), wäre es 500 Jahre unterwegs. Zum Glück müsste man nur die Hinreise buchen.

Ein Jahr dort dauert nur 130 Tage. Wir werden also alle dreimal so alt wie jetzt. Schön für uns (natürlich nicht für die Rentenversicherung). Warme Jacken sollten wir mitnehmen, die Durchschnittstemperatur liegt nur knapp über dem Gefrierpunkt. Imposant: Die Sonne des Planeten scheint rötlich – und wenn sie aufgeht, strahlt sie die wilde Frische eines schönen Frühlingstages ab.

Wie wir atmen können, muss noch geklärt werden. Noch ist nicht sicher, ob unser Kepler-186f eine Atmosphäre hat. Aber das dürfte für uns kein Problem sein. Die haben wir ja hier auf der Erde ja auch bald nicht mehr. Unser Werk! Jetzt packen wir neue Aufgaben an...

„Denken führt zu schlechter Verdauung!" Schrieb Dr. Tissot im Jahre 1769!

Aus der Fernsehwerbung wissen wir, dass der Mensch in unserer Zivilisation erstaunlich oft an Verdauungsstörungen leidet. Zum Glück gibt es Mittelchen, die rezeptfrei in jeder Apotheke zu kaufen sind. Im TV-Spot sehen wir oft sehr missmutig drein blickende Frauen, denen ihr Leiden anzusehen ist. Dann nehmen sie die beworbene Chemie-Einheit zu sich – und plötzlich erhellt sich ihr Gesicht. Das Präparat hat angeschlagen! Ja, sie haben ihr Problem hinter sich gelassen, kann man sogar ganz wörtlich nehmen.

Verstopfung übrigens ist nicht erst heute ein Problem. Der Arzt Simon André Tissot schrieb schon 1769 darüber, woher das mit der Darmträgheit kommt.

Unter der Überschrift „DENKEN FÜHRT ZU SCHLECHTER VERDAUUNG" schreibt er (aus dem Buch „Der sympathetische Arzt", C.H. Beck Verlag):

„Der Mensch, der am meisten denkt, verdaut am schlechtesten; derjenige, so am wenigstens denkt, verdaut am besten, wenn ausserdem alles andere gleich ist. Man sieht sehr oft, dass einfältige Leute viel essen und trinken, ohne daß es ihnen beschwerlich fällt, ob sie gleich sonst eine Lebensart führen, wobey sie viel sitzen müssen, und nicht von einer stärkern Leibesbeschaffenheit sind, als andere."

Damit ist eigentlich schon früh die Diagnose gegeben: Wer nicht denkt, kackt besser. Und es bekräftigt die Aussage eines früheren deutschen Bundeskanzlers, der feinsinnig formulierte, es komme immer darauf an, was hinten rauskommt.

Will mal so sagen: Denken gefährdet Ihre Gesundheit! Unterlassen Sie den Quatsch!

Fuck you, Reblaus! Der große Goethe war auch ein großer Säufer

„Fack Ju Göhte" ist mit bislang sieben Millionen Besuchern einer der erfolgreichsten deutschen Nachkriegsfilme. Ein ganz großer Kino-Spaß! Mit dem Dichterfürsten hat das Epos allerdings herzlich wenig zu tun. Der Titel ist nur ein gesprayter Graffiti-Spruch. Aber immerhin: Der olle Goethe hat es mal wieder in die Schlagzeilen gebracht.

Was nur wenige wissen: Johann Wolfgang von Goethe (1749 – 1832) war nicht nur ein Universalgenie, sondern auch ein genialer Trinker. Von den Mengen, die er trank, hätten noch drei andere betrunken werden können.

Zum Glück gab es damals noch keine Ärzte, die den Patienten vorwurfsvoll die Leberwerte mitteilten. „Ja, mein lieber Herr Geheimrat, Ihr Gamma GT-Wert macht mir große Sorgen..." Ist ihm alles erspart geblieben.

Schon der Start ins Leben begann mit Wein!
Durch die Unaufmerksamkeit seiner
Hebamme wäre der Kleine bei der Geburt
fast von der Nabelschnur erdrosselt worden.
Man badete den Säugling in Wein und leg-
te warme Umschläge auf sein Herz. Es half.
Und es wurde der Beginn einer wunderbaren
Freundschaft... Kein Wunder, denn Eltern und
Großeltern bewirtschafteten einen Weinberg.
In Frankfurt hatten sie einen Weinkeller. Hier
lagerten „die alten Herren von 1706, 1719 und
1726", wie er sich erinnerte.

Weil er Wein als Grundnahrungsmittel sah,
animierte er später auch seine Enkelchen zum
fröhlichen Schluck und empfand es als sehr
anregend, wenn die Kleinen immer lustiger
und unkontrollierter wurden. Ach, Opa!

Goethes Schwiegertochter Ottilie berichtete,
er habe auch beim Auf- und Abgehen, wenn
er nachdachte, gerne eine Flasche Rotwein
bei sich geführt. „Fast den ganzen Tag bin ich
sodann im Freien und halte Zwiesprache mit
den Ranken der Weinrebe, die mir gute Ge-

danken sagen und wovon ich heute wundersame Dinge mitteilen könnte", schrieb er seinem Eckermann.

Zeit seines Lebens trank Goethe viel, aber in der zweiten Lebenshälfte kannte er keine Grenzen mehr. Der Weinhändler Ramann, so berichtet der Wissenschaftspublizist Heinz Scholz, habe dem Dichter allein im Jahr 1816 insgesamt 900 Liter in sein Weimarer Haus am Frauenplan geliefert. Selbst am Tag seines Todes, am 22. März 1832, ließ er sich Wein geben, geringfügig mit Wasser verdünnt. Von der Wiege bis zur Bahre – nix ging ohne Wein.

Bier, Kaffee oder Tee waren nicht sein Ding. Nur Wein. Liebevoll schwärmte er von seinem „Kometenwein" des Jahrgangs 1811, als der Halleysche Komet zu sehen war.

Etwas herablassend äußerte er sich über den Kollegen Schiller, der am Wein keine rechte Freude gehabt haben soll, was Goethe mitleidsvoll kommentierte: „... dies aber zehrte an seiner Gesundheit und war auch den Produktionen selbst schädlich."

Der größte Dichter der Deutschen –
der größte Säufer.

Fuck you, Goethe, du alte Reblaus!

Wie uns Brüssel zu Tode reguliert - Europa einig Baby-Schnuller-Land

Heute gehen wir zur Europa-Wahl. Oder zum Grillen. Hängt vom Wetter ab. Mancher bleibt lieber zu Hause. Dabei hat Mutti doch im Vollbesitz ihrer Sprachkraft und Fabulierkunst eindeutig auf Wahlplakaten festgelegt: „Gemeinsam erfolgreich." Ist das nicht schön, wenn man Erfolg gemeinsam erleben kann? Wir müssen nur zusammenstehen und nicht immer bloß fordern, etwa „Mehr Euro für Opa in Europa" oder so.

Es ist doch schon viel erreicht worden. Brüssel hat wichtige Gesetze erlassen, die unser Leben nachhaltig verändert haben oder noch verändern.

Da ist zum Beispiel die vielbeachtete Seilbahn-Verordnung, die alle deutschen Bundesländer zwingt, eine Seilbahn-Direktive zu erlassen. Die Bayern hatten darauf gedrängt. Jetzt gilt sie auch für Schleswig-Holstein und Mecklenburg-Vorpommern – Bundesländer, in denen es gar keine Seilbahnen gibt. Positiv denken: Wenn es sie mal geben sollte, ist die Verordnung wenigstens schon da. „Gemeinsam erfolgreich!"

Viel Freude hat uns bereits die Normierung von Früchten gebracht. Der festgelegte Krümmungsgrad von Gurken zum Beispiel hat sogar das skurrile Volk der Briten fassungslos gemacht. Was mir gerade einfällt: Gibt es eigentlich noch die legendäre „Bananenflanke" im Fußball? Oder entspricht der Krümmungsgrad nicht mehr der Norm?

Für nachhaltigen Frohsinn und auch Fassungslosigkeit sorgte auch die „Schnuller-ketten-Verordnung" der EU. Selbstlos tätige Behörden-Mitarbeiter haben das Gesetz auf 52 eng beschriebenen Seiten verfasst, in acht Kapiteln und 40 Unterteilungen gegliedert. Die Verordnung soll Kleinkinder vor Unfällen schützen, obwohl solche Fälle kaum bekannt sind.

Über das Verbot von Glühbirnen und der Einführung von Energiesparlampen, die mit Quecksilber für eine hohe Umweltbelastung sorgen, mag man gar nicht mehr reden. Die neuen Leuchtquellen sind schweineteuer und spenden oft bei falscher Auswahl ein Licht, das nur die Toten in der Pathologie ertragen. „Gemeinsam erfolgreich!"

Natürlich müssen wir noch über die Segnungen berichten, die die neue Staubsauger-Verordnung mit sich bringt. Die Saugkraft wird runter gefahren, weil Staubsauger zunächst nur noch mit 1600 (jetzt noch bis zu 2400) Watt betrieben werden dürfen. Gut für die Hersteller, die neue Geräte auf den Markt bringen können. Und wenn jeder, europavereint, einen neuen Sauger hat, fußt bis 2017 die weitere Reduzierung auf 900 Watt. Das Staubsaugen dauert dadurch länger und verbraucht noch mehr Strom.

Und dann war da noch die dänische Zimtschnecke! Die dort so beliebte Leckerei entgeht einem Verbot der EU. Angeblich würde der Gehalt an gesundheitsschädlichem Cumarin die EU-Grenzwerte überschreiten. Dänische Medien sprachen von der „Zimtaffäre".

Nun ist die Gefahr gebannt.

Eine ganze Heerschar von EU-Beamten hatte herausgefunden, dass die Zimtschnecke auch als „Saison-Backwaren" eingestuft werden könne, bei dem das Gebäck bis zu 50 Milligramm Cumarin pro Kilo enthalten dürfen. Dieses Beispiel zeigt, wie wichtig die aufopferungsvolle Arbeit von EU-Mitarbeitern sein kann!

Hingewiesen werden sollte vielleicht noch darauf, dass in den vergangenen 100 Jahren kein durch den Verzehr von Zimtschnecken verursachter Todesfall registriert wurde.

Liebe ich Susi, weil oder obwohl sie so ist wie sie ist?

ACH, DU DICKES FRÜHSTÜCKS-EI!

Susi Super: „Wir müssen reden!"

Ich: „Ich höre schon deinen lieblichen Gesang…"

Susi: „Liebst du mich, weil ich so bin wie ich bin?"

Ich: „Nicht WEIL, sondern OBWOHL du so bist wie du bist! Ich weiß genau, was du jetzt sagst…"

Susi: „Du bist ein Ekel!"

Ich: „Siehste, ich kenne dich doch. War nur ein Spaß!"

Susi: „Ein wunderbarer Spaß – und so neu… Weiß gar nicht, wie oft ich den schon mal von dir gehört habe. Das Vergessen scheint inzwischen dein Begleiter zu sein! Naja, das Alter hast du ja!"

Ich: „Apropos vergessen: … und warum schießt du jeden Morgen wie eine angeschossene Brotfliege durch die Wohnung und suchst deine Autoschlüssel?"

Susi: „Weil du deinen Zeitungsmüll ausbreitest und meine Schlüssel unsichtbar machst. Wie mein Vater. Der ist genauso. Meine Mutter würde ihn am liebsten dafür erschlagen. Irgendwann macht sie es noch."

Ich: „Na, das lässt ja hoffen – bei deinem Erbgut! Ich wusste gar nicht, welcher Gefahr ich ausgesetzt bin. Ich räum dann mal gleich die Zeitungen weg, vielleicht finde ich ja auch dein Handy wieder, das du übrigens schnell orten könntest, wenn du es nicht ständig ausschalten würdest. Ach, guck mal: Hier ist ja auch deine Zulassung und ein paar deiner Treuepunkte vom Supermarkt! Findet sich doch alles wieder an, wenn man den richtigen Partner hat…"

Susi: „Mein Gott, was habe ich mir da nur eingebrockt!? Alle hatten mich gewarnt. Meine Eltern, meine Geschwister, meine Freundinnen, sogar deine eigene Mutter, wirklich alle!"

Manchmal möchte ich viel lieber alleine frühstücken.

Zum Brüllen komisch:
Die Polizei und der
Wurst-Aufschnitt im Damenklo

Was macht der Wurst-Aufschnitt im Damen-Klo?

Zum Brüllen komisch: Hier spricht die Polizei…

Leicht haben es die Polizeibeamten ja nicht, wenn sie direkt am Tatort ein Protokoll verfassen müssen, das sie den verschiedenen Dienststellen weiterleiten.

Zuweilen geht es dabei in den Formulierungen etwas holprig zu, manchmal auch unfreiwillig komisch. Das zeigen auch die (gekürzten) Protokolle aus den 80er Jahren, die mir Wolfgang H. aus Charlottenburg zur Verfügung stellte. Als ehemaliger Leitender Direktor der West-Berliner Polizei flatterten ihm bis zu seiner Pensionierung 1994 die Meldungen der Beamten auf den Tisch.

Manchmal musste er bei der Lektüre auch schmunzeln – und wurde zum Stilblütensammler. Ganz schön komisch...

Blut im „Hackepeter"

--- gegen 9.10 Uhr wird in wedding, badstraße 46, lokal „hackepeter", der tuerk. staatsangehoerige s. y. bei dem versuch, einen streit zu schlichten, mit einem lockenkamm mit 7 cm langen metallstiften am linken ohr und an der linken halsseite verletzt. y. fiel vermutlich infolge trunkenheit im lokal mit dem kopf zu boden, wobei er sich den kamm ins gesicht stiess. es besteht lebensgefahr---

Was denn nun?

--- sonnenallee richtungsfahrbahn hermannplatz blieb der lkw, b-s 6382, wegen kraftstoffmangels stehen. als kraftstoff nachgefuellt wurde, versagte die batterie. anschließend wurde festgestellt, dass der zuendschluessel abgebrochen war---

Schweinehund!

--- 18 uhr, frohnau, hubertusweg, steigt der
48jaehr gerd p. aus seinem vw golf, um mit
seinem schweinehund spazieren zu gehen. dabei kamen ihm 3 skinheads entgegen, die sich
ueber seinen hund lustig machten. es kam im
vorbeigehen zu einem verbalen wortgefecht,
dem p. keine bedeutung beimasz. als er nach
ca. 30 min. zu seinem kfz zurückkam, stellte er diverse beschaedigungen fest. ueberall
waren zentimeter große loecher vorhanden.
eine genaue taeterbeschreibung konnte p.
nicht geben. ein wiedererkennen haelt er für
moeglich---

Arme Mäuse!

21.30, cafe kranzler, terrassenvorbau, wurden
durch unbekannt gebliebene person ca. 50
weisse maeuse freigesetzt. das lokal wurde ge-
schlossen. personalien der anwesenden gaeste
und angestellten festgestellt. bis auf einen
angestellten hatten keine weiteren pers. kontakt mit den maeusen. vet-amtsarzt ch. sichert

sein erscheinen am naechsten tag um 8 uhr zu. maeuse verbleiben bis dahin im abgesperrten terrassenraum---

Fall für den Bau!

--- 8 Uhr, fasanenstr 82, wurden von der baufirma siebke div. menschliche knochenteile übergeben. vermutl. handelt sich um einen ehemaligen splittergraben aus dem zweiten weltkrieg, da bereits vor ca. 14 tagen knochen, div. munition, stahlhelme und gewehrteile gefunden wurden. Der gesamte fund wurde der abteilung bauwesen uebergeben---

Frau Wirtin...

--- 3.15 uhr, mareschstr 14, anlaesslich eines einsatzes im lokal „ideal-klause" schrie die wirtin die worte „heil hitler" und hob dabei für 3 sekunden den rechten arm. blutentnahme durchgefuehrt---

Gut Sport!

--- 12,15 uhr, lehrter str 59 (poststadion) wurde das fuszballspiel btsv 1850 – sc siemens-
stadt wegen zunehmender haerte aller spieler
abgebrochen. anschließend kam es zwischen
spielern und zuschauern zur allgemeinen
schlaegerei---

Alkohol am Zügel

--- 18.10 uhr, marienfelde, befuhr der 72jaeh-
rige m. mit einem pferdegespann (hochzeits-
kutsche) die str 481 und bog nach links in die
hildburghauser str ein. dabei kam das gespann
zu fall. beide pferde leicht verletzt. m. stand
unter dem einflusz alkoholischer getraenke---

Wurst im Klo

--- 11 uhr, kurt- schumacher-platz (clou) wurde durch den hausmeister w. m. auf der da-
mentoilette ein verdaechtiges paket festgestellt.
gegen 11.30 wurde festgestellt, dasz der inhalt
des paketes aus wurstaufschnitt bestand---

Letzte Runde

--- der in seiner laube in berlin 19, spandauer damm 170, kolonie sonntagsfrieden, ermordet aufgefundene h. s. ist laut obduktionsergebnis infolge mehrerer messerstiche verblutet. s. wurde zuletzt am samstag gegen 3 uhr gesehen. Zu dieser zeit verliesz er das lokal „zur letzten runde"---

Schlaues Feuer

--- 10 uhr, tegeler weg 25, stellte der restaurantbesitzer m. r. fest, dasz im keller unterhalb seines steakhauses pappe entzuendet wurde. durch das entstehende feuer wurden versorgungsleitungen beschaedigt. das feuer loeschte sich von selbst---

Nackte Tatsachen

--- 16.45 uhr, volkspark rehberge, wanderweg, wird die 54 jaehrige i.s. von einer unbekannten maennlichen person die handtasche entrissen. In der tasche befanden sich bpa, 25 dm und wohnungsschluessel. der taeter kam ihr mit entbloesstem geschlechtsteil entgegen, wodurch die geschaedigte zu keiner gegenwehr faehig war---

Do you speak english?

---20.10 uhr, friedrichstr, zeigte der zollbeamte j. j. an, dasz von einem f. h. ein amerikanischer und ein britischer militaerangehoeriger beleidigt wurden. der amerik. militaerangehoerige wurde mit den worten „mother fucker", der britische militaerangehoerige mit „fucking bastard" beleidigt. die beleidigungen erfolgten in englischer sprache. die allgemeinheit war anwesend---

Alt zu alt...

--- 18.45 uhr, forst jungfernheide, findet der 58jaehrige h. s. am ufer des tegeler sees eine ca. 100jaehrige 12c-granate---

So nicht!

--- 17.30 uhr, sandkrugbruecke, invalidenstra, wurde dem studenten c. p die einreise nach ostberlin wegen ungepflegter kleidung verweigert---

Keine Infos

--- 16.10 uhr, schloszstr/kieler str., wurden mehrere personen angetroffen, wie sie einen nicht genehmigten informationsstand aufbauen wollten. der aufbau wurde untersagt. zwei stelltafeln mit folgendem inhalt „verteidigt das westliche buendnis – stoppt aids und willy brandt" wurden sichergestellt---

Sehr gemütlich!

--- 0.50 uhr, heckerdamm, gartenkolonie gemuetlichkeit, festplatz, schlaegerei zwischen ca. 20 personen. auf dem festplatz befanden sich zu diesem zeitpunkt ca. 100 personen. nach zeugenaussagen kam es zu der schlaegerei, weil ein unbekannter festbesucher zu einem anderen besucher sagte: „du tuerke"---

War da was?

--- 23.30 uhr, belziger str 42, zeigte der 31jaehr f.j. p. an, dasz seine freundin, die 33jaehr o. p., am nachmittag in ihrer wohnung von zwei unbekannt gebliebenen maennern vergewaltigt wurde. die geschaedigte macht zum geschehen keine angaben, da sie sich an nichts erinnern kann---

100 Prozent keine Ahnung!

--- die am 5.3. angezeigte raubtat an f. g. konnte als vortaeuschung aufgeklaert werden. die ermittlungen ergaben, dasz g. schon vor der von ihm bezeichneten tatzeit von dem verlust seiner papiere berichtet hatte. g. bestritt, die tat vorgetaeuscht zu haben. er ist einhundert prozent schwerbeschaedigt, u.a. wegen gedaechtnisschwundes---

Schlimmer Finger

--- 15 uhr, brunowstr 11, bemerkt der 26 jaehr r. h. beim einsteigen in seinen pkw einen dumpfen schlag auf seinem autodach. bei naeherer ueberpruefung findet er neben dem kfz das abgerissene glied eines fingers. da er diesen fund anfaenglich für einen scherzartikel haelt, entfernt er sich zunaechst vom ort, faehrt jedoch nach einigen bedenken gegen 22.30 uhr zurueck und stellt die echtheit eines zu einer menschenhand gehoerenden teilgliedes fest. die am einsatzort eintreffende fustw nord 431 kann keine weiteren feststellungen treffen und stellt die fingerkuppe sicher. die abfrage der krankenhaeuser im berliner nordbereich verlief negativ---

Immer diese Ausreden:
„Heute nicht, Liebling!"

Was Frauen einfällt, um nicht mit ihm zu
schlafen…

Die Ehe soll eigentlich keine Institution zur
Abschaffung der Sexualität sein. Dennoch
gibt es Beziehungen, die werden zu reinsten
Entziehungs-Kuren.

Die Frau, die mich zu diesem sicher trau-
rigsten Kapitel in meiner feuilletonistischen
Lebens-Rückschau veranlasst hat, war meine
Jugendfreundin Rosanna. Das ist, wie jeder
zugeben wird, ein sinnlicher Name, der die
Phantasie beflügelt. Nur: Der Name passte zu
meiner Rosanna im Grunde überhaupt nicht.
Gertrud, Hedwig oder Walburga – das wäre
stimmig gewesen! Namen, die man nicht mit
sexuellen Grundbedürfnissen in Verbindung
bringt.

Natürlich bin ich ein Blödmann. So blöd bin ich auch wieder nicht, dass ich Rosanna geheiratet hätte.

Bevor wir beschlossen, mal zusammen Urlaub auf Ibiza zu machen, vermittelte sie durchaus den Eindruck, dass ihr Sex Spaß bereite. Jedenfalls tat sie so. Eine große Leidenschaft beziehungsweise Experimentierfreudigkeit ließ sie nicht erkennen, aber ich dachte mir, das könnte sich ja entwickeln und sie würde bald zu einer passablen Bettpartnerin gedeihen.

Was für eine grobe Fehleinschätzung! Sie hatte sich natürlich Urlaubslektüre mit nach Ibiza genommen, und nachdem wir unsere Koffer ausgepackt hatten, entdeckte ich auf ihrem Nachttisch ein Buch mit dem Titel „Liebe ohne Sex" - das Werk einer eindeutig verwirrten Autorin.

„Liebe ohne Sex", sagte ich zu ihr am nächsten Tag, als sie darin las, „das ist ja ein bisschen wie Backen ohne Mehl..." Ich dachte, sie würde wenigstens mal lächeln, aber es reichte

nur zu der schnippischen Bemerkung: „Sex
ist nicht alles! Nur in euren kranken Männer-
hirnen!"

Dann versuchte ich es noch mit dem Hinweis „Sex ist nicht alles, aber ohne Sex ist
alles nichts" - na, da hatte ich erst recht bei
ihr verspielt! Ich ging dann allein zum Strand
und sah all die knackigen Oben-ohne-Mäd-
chen mit ihren knappen Tangas. Das war der
Himmel – und in unserem Zimmer lag meine
kleine Hölle und bildete sich fort über „Liebe
ohne Sex".

Rosanna wollte einfach nicht. Sie lief im Zimmer nackt rum. Was für eine wunderschöne
Frau! Vielleicht ginge ja doch was…? NEIN!

Hier nur ein paar Ihrer Ausreden. Sie schlief
nicht mit mir…

… weil es ihr zu warm war.

… weil ihr der Rücken weh tat.

… weil ich ihr zu betrunken war.

… weil sie zu müde war.

… weil es ihr zu früh war.

… weil es ihr zu spät war.

… weil sie pinkeln musste.

… weil ich ihrem Opa nicht persönlich zum Geburtstag gratulieren wollte.

… weil sie unten am Pool Kinder spielen hörte.

… weil ihr einfach die Kraft fehlte.

… weil ja morgen auch noch ein Tag sei.

… weil sie kacken musste.

… weil ich es einfach nicht verdient hatte…

Nur ein einziges Mal – es war der Tag vor unserer von mir herbeigesehnten Rückreise – ließ sie „Gnade vor Recht" ergehen, womit ich gar nicht mehr gerechnet hatte. Es war so eine Art Gnaden-„Akt", eher eine Abwicklung. Sie sagte danach: „Na, da hat sich das Warten doch gelohnt, was?" Ich sagte dazu nichts.

Auf dem Rückflug las ich einer Zeitung in der Rubrik „Vermischtes" eine Story über das besonders hässliche Vorgehen einer jungen Engländerin. Die lokale englische Presse hatte schon ausführlich darüber berichtet. Der „Fall Doreen" erregte die Gemüter.

Diese hatte nach einem leichten Autounfall ihrem Mann zwei Jahre lang vorgetäuscht, sie sei so gut wie gelähmt und jede zusätzliche Bewegung könnte die Total-Lähmung zur Folge haben. Vorsichtshalber saß sie nur im Rollstuhl.

Ihr Mann musste einkaufen gehen, die Wohnung putzen, sich um die Kinder kümmern, kochen, abwaschen. Sex war natürlich auch gestrichen („...viel zu riskant, Schatz!").

Eines Tages kam er unverhofft nach Hause und sah sie sehr beweglich auf dem Balkon rumlaufen. Er war jetzt wie gelähmt, und sie beichtete ihm, dass sie alles nur vorgetäuscht habe. Da warf er sie im Zorn über die Brüstung vom 3. Stock. Sie überlebte, aber seitdem sitzt sie tatsächlich im Rollstuhl. Und ihr Mann im Knast.

Musste es erst so weit kommen?

Rosanna wollte den Artikel nicht lesen. Unsere Beziehung war endenwollend. Ich war übrigens nie wieder auf Ibiza!

Susi sauer, weil ich keinen FKK-Urlaub mit ihren Eltern machen will

ACH, DU DICKES FRÜHSTÜCKS-EI!

Susi Super: „Wir müssen reden!"

Ich: „Nur zu!"

Susi: „Was hältst du vom Burkini?"

Ich: „Find ich gut. Macht schlank!"

Susi: „Dann solltest du auch mal sowas anziehen…"

Ich: „Jaaaaaaaaaaaaaaa, ist ja gut. Der Witz ist angekommen…"

Susi: „War kein Witz! Auch vollverschleiert wärst du eine Erscheinung…"

Ich: „Genau! Ich verstehe gar nicht die Aufregung an den Stränden Frankreichs. Meinetwegen kann jeder baden gehen wie er will, was spricht dagegen? Die haben Sorgen…"

Susi: „Aha, der Herr macht ganz auf tolerant! Wenn alle so denken würden, wäre ja alles okay. Aber wenn ich oben ohne in den Arabischen Emiraten am Strand rumlaufen würde, na, dann wäre was los. Du liegst in der Sonne – und ich werde gesteinigt. Schöner Urlaub!"

Ich: „Apropos: Erinnerst du dich noch an FKK auf Fehmarn?"

Susi: „Klar. Unser Mäxchen war zwei Jahre alt und hat mit einem Mädchen am Strand gebuddelt – und du hast mitgemacht, weil dir die Mama der Kleinen gefallen hat…"

Ich: „Eine Unterstellung! Du wolltest doch auf Max aufpassen. Dann hast du dir was zu trinken geholt und mich als Aufpasser an den Strand geschickt. Und als du dann wieder- kamst, haben die Kinder nicht mehr gebud- delt, sondern lieber geplanscht…"

Susi: „Genau – und du hast mit der fremden nackten Frau weitergebuddelt. Ich dachte, ich spinne! Mein Mann buddelt fremd… Das sah aus!"

Ich: „Ist er nackt, ist der Mensch nicht gern alleine…"

Susi: „Red dich mal raus. Es hätte ja nicht gerade eine mit dicken Möpsen sein müssen. War bestimmt kein Zufall!"

Ich: „Ich fühle mich jetzt aber diskriminiert… Sag mal: Haben nicht deine Eltern früher immer FKK-Urlaub gemacht?"

Susi: „Klar, sie schwärmen heute noch vom Nackt-Grillen in fröhlicher Runde. Wir können ja mal mit ihnen zusammen… Eine größere Freude könnten wir ihnen gar nicht machen. Wollen wir?"

Ich: „Ein Traum wird wahr: Nackt mit Schwiegermutter im Urlaub… Und der Schwiegerpapa wendet die Würstchen am Grill.

Mein Schatz, du kannst so grausam sein! FKK mit Schwiegereltern – wie abartig!"

Susi: „Ich weiß ja, dass du ein gestörtes Verhältnis zu meinen Eltern hast. Aber jetzt hast du es übertrieben. Mein Gott, warum habe ich mich nur mit dir eingelassen? Alle hatten mich doch gewarnt, wirklich alle: meine besten Freundinnen, meine Geschwister, Omi und Opi, meine Eltern – und sogar deine eigene Mutter…"

Manchmal möchte ich viel lieber alleine frühstücken.

Frauen beklagen: Keiner lockt sie noch mit seiner Briefmarken-Sammlung...

Manchmal hat man das Gefühl, wir leben mitten in Aleppo, liegen irgendwo in einem vom Erdbeben zertrümmerten Haus, haben nix zu essen und zu trinken, drohen im Monsun-Regen Indiens weggespült zu werden, nähern und dem Unausweichlichen, sind noch beim Abholzen des Regenwaldes dabei, taumeln hin und her zwischen dem mysteriösen TTIP-Abkommen und der „Montblanc"-Füller-Affäre im Deutschen Bundestag – und das alles serviert uns das Fernsehen im Minutentakt. Wie sollen wir das denn alles verkraften?

Nein, diese Flut von Nachrichten macht uns meschugge im Kopf. Wir haben, wie das der wunderbare Kabarettist Wolfgang Neuss früher mal formulierte, eine „totale Negation in der Omme".

Das könnte eine Erklärung dafür sein, dass die Germanen zu Schlaffghanen geworden sind. Früher gaben sie als „Freizeitspaß Nummer 1" den Sex an, heute – das ergab eine Umfrage – ist ihnen das Ausschlafen die liebste Freizeitbeschäftigung. Es folgen Dauersitzen vor dem Fernseher mit kurzen Phasen des Einnickens und die Körperpflege (etwa sechs Stunden pro Woche unter der Dusche).

Autowaschen rangiert nur noch auf den hinteren Plätzen, Flippern in Kneipen oder Minigolf-Spielen im Freien, Kassetten mit den „…3 Fragezeichen" – damit hält sich niemand auf. Dafür wischen sie auf elektronischen Apparaten herum du empfinden es als Herausforderung, mit dem Smartphone die Heizung auf volle Pulle zu stellen.

Das Leben im Wandel. Mein Kollege Hans Zippert, satirischer Kolumnist der „WELT", hat sich vor einiger Zeit lustig gemacht, als er schrieb: „Nur noch 0,7 % der Bürger sammelt in ihrer Freizeit Briefmarken, was automatisch auch zu einem Nachlassen der sexuellen Betätigung geführt hat.

Viele Frauen würden sich gern mal die Brief-
markensammlung eines Mannes ansehen,
finden aber keine Partner…"

Ich glaube ja, dass es schon früher nur eine
Legende war, die eigene Briefmarkensamm-
lung als Lockmittel einsetzen zu können, um
die Schöne danach zu Fall zu bringen. Aber
hübsch klingt das, und ich könnte mir auch
das TV-Format „Bäuerin sucht Marke" vorstellen.

Ja, die Deutschen sind in Sachen Sex Pflege-
fälle geworden. Bettmuffel. Darum bringen es
unsere Mamas & Papas statistisch nur auf 1,37
Kinder. Ein Kind – okay. Aber wie sieht so ein
Drittel-Kind aus???

Wir brauchen 2 komplette Kinder! Für die
Statistik und für die Sicherung der Rente.
Rente? Dieses einst mal geläufige Wort kommt
bald nur noch im Kreuzworträtsel vor, und die
ganz Alten legen es beim Scrabble aus…

Es lügt der Mensch, wenn er den Mund aufmacht

Irgendwo habe ich gelesen, dass der Mensch hundert Mal am Tag lügt. Das ist eine ganze Menge, finde ich. Bei einem Politiker im Wahlkampf – ja, bei so einem könnte ich mir das vorstellen, aber bei Otto Normal-lügner???

Ich habe das einfach mal überprüft und meine Lügen registriert.

Es war am Abend zuvor bei mir in der Kneipe, zugegeben, etwas spät geworden. Vielleicht hatte ich gerade mal vier Stunden geschlafen, als mich Susi Super süffisant fragte: „Ausgeschlafen?"

„Ja", sagte ich, „ich könnte Bäume ausreißen. Habe übrigens von dir geträumt. Du warst genau so leidenschaftlich wie immer. Ich bin wirklich ein Glückspilz, dass ich dich kennen gelernt habe und deine wunderbaren Eltern…" (5 Lügen – nicht schlecht für den Anfang!)

Dann bin ich ins Bad gegangen und guckte
in den Spiegel. „Was ist das für ein gut ausse-
hender Mann?" fragte ich mich. Dann merkte
ich, dass ich das ja war und dachte so bei mir:
„Bernd, du siehst wieder aus wie dein jüngerer
Bruder. Nur interessanter…"
(3 Lügen)

„Was sagt die Waage?" wollte Susi wissen.

„Die Waage sagt, dass sie stolz auf mich ist.
Ich habe wieder zwei Kilo abgenommen.
Wenn man längere Zeit auf Alkohol verzichtet,
nimmt man automatisch ab. Sogar gestern in
der Kneipe habe ich nur Wasser getrunken.

Die anderen haben mich bewundert, wie ei-
sern ich sein kann. Der dicke Jupp von neben-
an ist doch gerade Vater geworden. Hat mir
ein stilles Wasser ausgegeben. Ich liebe stilles
Wasser und kann überhaupt nicht verstehen,
was andere an Bier finden oder, igittigitt, an
Schnaps." (8 Lügen).

Susi war schon auf dem Sprung ins Büro. Sie trug ein Kleid, das ich noch nie gesehen hatte. Es erinnerte mich spontan an Omas Kittelschürzen. „Hab ich mir gestern am Ku'damm gekauft. In ner Boutique, die gerade Räumungsverkauf hat. Ein Schnäppchen. Süß, nicht wahr?"

„O jaaaaaaaa", sagte ich, „das ist wirklich ein schönes Teil, das du da abgestaubt hast. Was du immer für tolle Sachen entdeckst! Sieht wirklich prima aus. Wenn ich das Kleid beim Bummeln gesehen hätte, hätte ich es dir garantiert mitgebracht. Aber seien wir doch mal ehrlich: Mit deiner Figur kannst du alles tragen. Du siehst immer gut aus. Manchmal frage ich mich, wie eine einzige Frau so viel Geschmack entwickeln kann?" (6 Lügen)

Bevor Susi ging, meinte sie noch: „Denk bitte daran, deiner Tante Hertha zum Geburtstag zu gratulieren. Und bitte lade sie nicht jetzt schon wieder zu Weihnachten ein. So was merkt sie sich. Wenn sie alle vier Jahre kommt, reicht das völlig aus. Eine schreckliche Frau. Grüsse sie meinetwegen von mir und von Max – und erzähl ihr, wie gern wir doch bei ihr wären, aber…"

„Du weißt", sagte ich zu Susi, „dass ich nicht lügen kann. Das entspricht überhaupt nicht meinem Naturell."

Wenig später rief ich bei Tante Hertha an:

„Mein liebes Geburtstagskind", sagte ich, „die Sonne scheint heute nur für dich! Wie gern wären wir doch alle bei dir. Aber ich muss arbeiten, du weißt. Susi bekam gestern einen regelrechten Weinkrampf, als sie erfuhr, dass sie mit Max heute kurzfristig wegen der geplanten Klassenfahrt in die Schule muss – und deshalb nicht zu deinem Geburtstag kommen kann. Weihnachten?
Das ist ja schön, dass du jetzt schon Weihnachten ansprichst. Natürlich würden wir uns über deinen Besuch sehr freuen. Susi besteht quasi darauf. Hat mich extra beauftragt, dir das zu sagen… Wie bitte? Du würdest mit uns gern mal zusammen Urlaub machen? Na, das ist ja eine Überraschung. Ich glaube, unser

Max wäre der glücklichste Junge der Welt, wenn das klappen würde. Wenn er von dir spricht, leuchten seine Augen. Nach Kärnten willst du mit uns? Da hast du mit deinem viel zu früh von uns gegangenen Willy immer die Ferien verbracht. Und das willst du uns jetzt alles zeigen – na, ist ja wirklich eine große Freude, die du uns machst.

Aber so bist du eben. Darum lieben wir dich auch alle so. Ach, und einen dicken Schmatz von Max soll ich dir noch geben. Weißt du eigentlich, dass über seinem Bett ein Bild von dir hängt?" (14 Lügen)

36 Lügen bis 10 Uhr am Vormittag!

Na, bitte, geht doch.

Illusion im Paradies:
Es ist nicht das Meeresrauschen,
es ist der Betonmischer!

Die Reiseveranstalter sind gerüstet: Jetzt, am Ende der Ferienzeit, werden sie wieder mit Beschwerdebriefen bombardiert. Die Deutschen sind Weltmeister im Fordern von Rückerstattungen.

Mal war das Zimmer zu laut, der Strand doppelt so weit vom Hotel entfernt als im Katalog angegeben. Mal erwiesen sich Kakerlaken als ständige Mitbewohner – oder es war einfach kein Wasser im Pool... Ein Schrei nach Entschädigung hallt durchs Land. Leider: Reisen ist nicht immer ein Vergnügen. Das bekamen sogar schon die Touristen der Antike zu spüren.

Man glaubt es nicht: Im 1. Jahrhundert florierte und funktionierte die Branche genauso wie im 21. Jahrhundert! Das fand der australische Historiker und Reiseschriftsteller Tony Perrottet heraus. In seinem Buch „In

Troja ist kein Zimmer frei" beschreibt er auch die Unsitte, sich mit Graffiti an Tempelmauern zu verewigen, an Ausgrabungsstätten Tonscherben zu klauen und kitschige Reproduktionen erhabener Kunstmotive zu erwerben. Kommt einem ja wirklich alles bekannt vor.

Schon damals gab es im Reise-Gewerbe Nepper, Schlepper, Bauernfänger. Restaurant-Betreiber und Hoteliers, die nur einen Gott anbeteten: Cash! Oft stimmte das Preis-Leistungs-Verhältnis nicht, und so mancher war verdrossen.

Dennoch setzte man sich immer wieder freiwillig all den Verdrießlichkeiten aus. Etwa der Stoiker Epiktet (55-135 n. Chr.), in seiner philosophischen Grundhaltung ja eigentlich ein Mann der Ruhe. In seinen Aufzeichnungen lesen wir:

„Vergeht man nicht den ganzen Tag schier vor Hitze? Ist man nicht zwischen den Menschenmassen eingekeilt?

Ist es nicht schwierig, an ein Bad heranzukommen? Wird man nicht nass bis auf die Knochen, wann immer es regnet? Und wird man nicht völlig verrückt durch das Getöse und Geschrei und die anderen kleinen Ärgernisse? Aber natürlich nimmt man das alles gern in Kauf, weil es ein unvergessliches Spektakel ist."

Der Geplagte weilte übrigens bei den Olympischen Spielen.

Jeder Urlauber im Süden, der sich schon einmal darüber ärgerte, dass das vermeintliche Rauschen des Meeres in Wirklichkeit von der Betonmischmaschine einer nahegelegenen Baustelle stammt oder darunter litt, dass sein Zimmer genau über einer Disko lag, mag durch den römischen Spötter und Satiriker Juvenal getröstet sein.

„Schlaflosigkeit ist die häufigste Todesursache in Rom", jammerte er ca. 100 n. Chr. Und: „Zeige mir ein Schlafzimmer, in dem man schlafen kann!"

Schuld war schon damals vor allem der Verkehr. Weil alle Gefährte auf Rädern am Tage aus der Stadt verbannt waren (die ersten GRÜNEN waren offenbar Römer!), mussten die schweren Lieferwagen ihre Touren nach Anbruch der Nacht fahren. Und da Achsenschmiere im Altertum nur selten benutzt wurde, Olivenöl und Tierfette unerschwinglich waren, quietschten die Räder so entsetzlich, dass der Lärm bis in die entlegenste Wohnung drang.

Juvenal: „Das Gedonner von Wagen in jenen engen, gewundenen Straßen, die Flüche der Kutscher, die im Gedränge feststecken, erschüttern auch den Schlaf eines tauben Mannes – oder den eines trägen Walrosses."

Es kann nicht schön gewesen sein damals in Rom. Keiner konnte seinen Kater auskurieren. Der Dichter Martial, der sich eine nicht enden wollende Nacht lang auf der Matratze wälzte, schrieb: „Ganz Rom steht direkt am Kopfende meines Bettes..."

Die Fahrzeuge wurden zwar eine Stunde vor Sonnenaufgang von den Straßen verbannt. Dann begann aber gleich ein anschwellendes Crescendo von Bäckern, die ihr Brot anpriesen, Schmieden, die auf ihren Ambossen herumhämmerten, Priestern, die ihre Morgenriten herausposaunten, Hirten, die Milch vom Lande in die Stadt brachten und Kindern, die im Chor das Alphabet aufsagten.

Da fragte sich mancher Reisende, ob er nicht doch besser zu Hause geblieben wäre. Wie heute...

Susi meint, schon mal gelebt zu haben.

ACH, DU DICKES FRÜHSTÜCKS-EI!

Susi Super: „Wir müssen reden!"

Ich: „Immer müssen wir reden! Also, gut, was gibt's?"

Susi: „Hast du schon mal gelebt?"

Ich: „Was soll das denn nun wieder?"

Susi: „Eine Psychologin hat 4000 Frauen und Männer befragt, ob sie glauben, schon mal gelebt zu haben…"

Ich: „Mich hat sie nicht gefragt!"

Susi: „Völlig schnurz, aber stell dir das mal vor: 95 Prozent meinten, sie hätten schon mal gelebt! Ist das nicht irre?"

Ich: „Irre ist das richtige Wort. Wenn's dir

Spaß macht: Ja, ich habe sogar mehrmals gelebt!"

Susi: „Als Schluckspecht, ich verstehe…"

Ich: „Witzig! Nein, ich war Jack the Ripper und ganz früher Heinrich VIII. Ein Mann, der die Frauen liebte…"

Susi: „Der hat doch zwei seiner sechs Frauen hinrichten lassen, und von zweien ließ er sich scheiden. Der sieht dir ähnlich, auch vom Aussehen her…"

Ich: „Meinst du den jungen Heinrich oder den Fettsack im Alter?"

Susi: „Sag ich besser nicht… Aber hast du nix anderes anzubieten? Was Nettes, vielleicht John Lennon, Mozart, , Caruso oder James Dean. Damit könntest du angeben…"

Ich: „Okay, jetzt hab ich was für dich: Ich war im früheren Leben mal Windspiel am Hofe von Friedrich dem Großen…"

Susi: „Dass ich darauf nicht selbst gekommen bin! Ein Hund! Wo du doch so feingliederig und federleicht bist…"

Ich: „… was man von dir ja nicht behaupten kann. Früher sahst du aus wie die Venus von Milo, heute eher wie die Venus mit Kilo…"

Susi: „Einmal Ekel, immer Ekel! Mein Gott, was habe ich mir da bloß für ein Miststück geangelt! Dabei hatten mich alle, wirklich alle gewarnt vor dir: meine Eltern, Omi und Opi, meine Geschwister, meine besten Freundinnen und sogar deine eigene Mutter…"

Manchmal möchte ich viel lieber alleine frühstücken.

Ehemänner als Begleiter im Supermarkt – wie ihre Frauen leiden!

Ich kann es wirklich gut verstehen, wenn Frauen verzweifeln, weil ihre Männer auf Rente sind und plötzlich den ganzen Tag zuhause rumlungern oder alles durcheinanderbringen.

Die Herren meinen dann, das Zepter übernehmen zu müssen, mischen sich ständig ein und stiften Unruhe. Angesichts der Heim-Chaoten ist die Anzahl der Gatten-Morde doch erstaunlich gering…

Besonders freitags und sonnabends kann man bizarre Situationen beobachten. Die neuen „Chefs" übernehmen und überwachen den Einkauf. Sie laufen in ihren traditionell schleimbraunen Adler-Westen durch die Gänge und machen einen auf Kontroletti. Unglaublich, was erfahrene Hausfrauen sich von ihrem Ollen gefallen lassen. Er weiß alles besser!

Sie packt Bananen in den Einkaufswagen. Er nimmt sie wieder raus und meint: „Die sind nur deshalb im Angebot, weil sie überreif sind. Die MÜSSEN weg, und wenn wir sie zuhause haben, sind sie zermatscht! Du musst einfach besser aufpassen!"

Bei Äpfeln, Pfirsichen, Nektarinen „überprüft" er die Frische der Ware, indem er seinen Fingernagel darin vergräbt. „Kontrolle muss sein!" belehrt er sie. Nächster Auftritt: Die Wursttheke! Er will von der jungen Verkäuferin wissen, ob in der Schlackwurst wirklich Schlacke drin ist. Sie schaut den Kunden ratlos an. Seiner Frau ist das peinlich, sie zischelt ihm zu: „Nun ist aber genug, Walter! Die hat dir doch immer gut geschmeckt…" „Ja", sagte er, „kannst mal sehen, was du mir jahrelang aufs Brot gelegt hast: Schlacke in Wurstpelle! Aber ich sage dir: Damit ist es jetzt vorbei!"

An der Kasse fragt er die Kassiererin, warum denn die Brötchen immer kleiner werden? „Vor zehn Jahren waren sie größer!"

Seine Frau sagt: „Mein Mann hat nur einen Scherz machen wollen." Und er: „Das war kein Scherz. Ich bin hier Kunde! Ich habe ein Recht darauf, zu fragen, warum…"

Die Wartenden dahinter maulen schon. Einer sagt: „Wieder so ein Arsch, der alles aufhält. Hat wohl zu Hause nix zu sagen…"

Daheim ist er stolz auf sich, weil er es denen „mal so richtig gezeigt" hat. Und seine Frau fordert er auf, ihm immer vor jedem Einkauf eine Liste vorzulegen. „Wo ich ein Häkchen drangemacht habe, das kannst du unbedenklich holen. Aber danach zeigst du mir den Kassenbon!"

Seine letzte Drohung hat sie nicht mehr gehört. Sie hatte sich aus dem Staub gemacht. Und keiner weiß, ob sie jemals wieder auftauchte…

Trouble: Wenn seine „Frischzelle" viel älter ist als seine Frau ...

Es muss eine niederschmetternde Nachricht sein, wenn eine Frau mit Ende 50 erfährt, dass ihr Mann eine Geliebte hat, die gut und gerne seine Tochter sein könnte. Allerdings kann es auch ganz anders kommen...
Wenn es sich bei der Geliebten nämlich nicht um eine jüngere, sondern um eine wesentlich ältere Frau handelt.

Dieser Fall kommt, zugegeben, aus naheliegenden Gründen selten vor und ist eher eine etwas skurril-exotische Variante. Und so stellen wir uns doch mal folgende „Szenen einer Ehe" vor:

Sie: „Du bist so komisch in letzter Zeit."

Er: „Wie kommst du denn darauf?"

Sie: „Du wirkst oft so abwesend. Manchmal habe ich den Eindruck, du gehst mir aus dem Weg. Früher haben wir doch wenigstens noch vor dem Fernseher zusammen geschwiegen. Bedrückt dich was?"

Er: „Ja, schon."

Sie: „Und was? Wir können doch über alles reden."

Er: „Es ist so, also, genau genommen, also, ach, ich weiß auch nicht. Ich will ja schon lange mit dir reden. Aber es fehlte eben immer der passende Augenblick."

Sie: „Für was?"

Er: „Um dir zu sagen, dass..."

Sie: „...eine andere Frau im Spiel ist."

Er (erleichtert): „Ja!"

Sie (konsterniert): „Ich habe es gewusst. Seit Monaten! Kenn ich sie?"

Er: „Ja".

Sie: „Na, dann ist ja alles klar. Eine von deinen Büro-Schlampen. Der Herr leistet sich eine Frischzelle. Das Alter hast du ja – mit Mitte 50..."

Er: „Es ist niemand aus dem Büro."

Sie: „Ist ja auch egal. Ich wette, sie ist nicht viel älter als 30..."

Er: „Doch. Sie ist viel älter! Es ist Frau Rautenberg aus dem Nebenhaus."

Sie (schrill): „Wie bitte? Die ist doch gerade 70 geworden. Sag, dass es nicht wahr ist."

Er: „Es ist wahr. Ich habe mich total in sie verliebt. Ihre schönen weißen Haare erinnern mich an meine Mutter. Sie liest mir jeden Wunsch von den Lippen ab. Für mich hat sie sich sogar ein Handy zugelegt und schickt mir mehrmals am Tag SMS-Grüße. Grete ist ein wunderbarer Mensch."

Sie (schnippisch): „Aber Kinder wollt ihr nicht mehr haben?"

Er: „Mach dich nicht lustig über uns."

Sie: „Bist du total durchgeknallt? Du hast eine Geliebte, die 70 ist? Kannst du nicht auch mal an mich denken? Wie stehe ich jetzt da? Soll ich den Leuten sagen: Freunde, mein Mann hat mich verlassen. Er liebt jetzt eine Omi. Das ist ja beschämend für mich."

Er: „Ich wusste, dass es schwer für dich wird, wenn du es erfährst."

Sie (kopfschüttelnd): „Ich glaub es ja jetzt nicht! Wenn du mich schon betrügen musst – warum denn, bitte, nicht mit einer Jüngeren? Das wäre doch normal. Alle Kerle machen das!

Da könnte ich mich wenigstens hinstellen und sagen: Seht ihr, alle Männer sind Schweine. Und gegen dieses junge Luder hatte ich halt keine Chance. Jeder hätte das verstanden.

Aber jetzt? Jetzt muss ich sagen: Oma Grete hat mir meinen Mann ausgespannt! Wie konntest du mir das nur antun?" Er schweigt und erhält gerade eine neue SMS von der Neuen.

Okay, okay: Das war ein Märchen. Aber es macht deutlich, dass man es einer Frau wirklich nie Recht machen kann. Hat man ,ne Jüngere, rastet sie aus. Hat man ,ne Ältere...

(Privater Hinweis: Als Susi Super diese Geschichte las, guckte sie mich irgendwie eigenartig an...)

Die unglaubliche Geschichte vom Affenhamster

„Wenn du im Supermarkt bist", sagt Susi Super, „bringe doch bitte für Max die Choco Krispies von Kollegs mit. Du musst sie nicht lange suchen – auf der Verpackung ist ein Affe drauf." (Süßfutter für den Kleinen, der damals etwa 10 Jahre alt war…)

Ich stehe vor einem riesigen Regal mit rund 50 verschiedenen Packungen. Mich schauen Elefanten, Löwen, Dinosaurier und Hamster an. Aber kein Affe!

Anruf per Handy: „Du immer mit deinen Aufträgen! Es gibt hier keine Choco Krispies mit einem Affen!"

„Dann guckst du nicht richtig", sagt Susi, „wenn du vor dem Regal stehst, sind sie immer oben links. Du musst sie finden!"

Ich habe sie nicht gefunden. Auch in einem anderen Supermarkt – kein Affe! Zu Hause: „Das Zeug muss ausverkauft sein."

Susi: „Ist ja lachhaft. Die gibt es überall! Geh mal zum Augenarzt!"

Max: „Wenn Papa schon mal einkaufen geht..."

Susi (scheinheilig): „Wenn du so ein alter Mann bist wie Papa, siehst du auch nicht mehr so gut!"

Ich merke, wie mein Blutdruck steigt – und brülle: „Jetzt ist aber gut. Wir gehen sofort alle zusammen in den Supermarkt, und ihr zeigt mir die Packung mit dem Affen. Wenn ihr sie findet, kriegt jeder 10 Euro von mir..."

Noch nie zuvor hatte ich erlebt, dass Susi und Max so schnell bereit waren, mir zu folgen.

Im Supermarkt vor dem Regal. Mutter und Sohn schauen sich grinsend an. Susi zeigt nach oben links und meint süffisant: „Und was ist das?"

Max: „Her mit der Kohle!"

Ich: „Mooooment mal. Das ist nie und nimmer ein Affe. Das ist ein Hamster, ein Verwandter von A-Hörnchen und B-Hörnchen…"

Max ruft: „Das ist mein Papa. Der weiß nicht mal, wie ein Affe aussieht…"

Susi: „Na, heute ist ja Zahltag…"

Ich schwöre es! Dieser Affe ist ein Hamster! Den gibt es immer noch, habe das nach all den Jahren überprüft.

Für meine familiären Schlaumeier habe ich übrigens lange nichts aus dem Supermarkt mehr mitgebracht. Keine Aufträge mehr! Ich lasse mich doch nicht zum Affen machen!

Aufklärung mit Spaghetti. Wenn der Sohnemann Fragen stellt...

Ich bin von meinen Eltern nie aufgeklärt worden. Und ich habe unseren Sohn auch nicht aufgeklärt. Ich weiß, dass es eine erzieherische Pflicht von Eltern ist, ihren Kindern ein gewisses Grundwissen zu vermitteln. Das setzt natürlich voraus, dass sie sich nicht alles schon im Internet rein gezogen haben. Dann macht man sich nur lächerlich. Zum Beispiel:

Papa: „So, mein Sohn, wie du weißt, gibt es doch Männer und Frauen. Nun hör mal genau zu…"

Sohn: „Vergiss es, Papa, die Nummer kenn ich doch. Hast du noch ein Problem?"

Dann ist man doch blamiert, oder? Ich kann mich noch daran erinnern, als ARD und ZDF vor vielen Jahren den Kinderkanal eingerichtet haben, wo den lieben Kleinen die wichtigen Dinge des Lebens erklärt werden.

Max war damals vielleicht acht oder neun Jahre alt, als er uns beim Frühstück fragte: „Sagt mal, Impotenz – ist das was Tolles?"

Wir guckten uns ratlos an, und er erklärte, dass die vom Kinderkanal das in der nächsten Folge behandeln wollen.

Susi: „Dein Vater kann dir das genau erklären, der kennt sich da aus…"

„Warum gerade ich?" fragte ich entrüstet, und sie meinte nur: „Ist doch Männersache…"

Ich: „Tja, mein Junge, Impotenz ist, wenn beim Mann unten rum, also, wenn da nichts mehr geht. Tote Hose…"

Max: „Tote Hose?"

Susi: „Blöder kann man das gar nicht erklären."

Ich: „Okay, pass auf: Du spielst doch gerne Mikado…"

Max: „Au ja, wollen wir?"

Ich: „Nein, jetzt nicht. Stell dir nun mal vor, du würdest mit Spaghetti Mikado spielen."

Max: „Oh, das klingt lustig, Papa!"

Ich: „Ist es aber nicht! Nehmen wir doch mal an, die Spaghetti wären gekocht, also ganz weich. Und wir würden damit Mikado spielen…"

Max: „Na, das geht doch gar nicht!?"

Ich: „Genau! Siehste mein Junge, das ist Impotenz!"

Bernd Philipp (rechts)

BERND PHILIPP

Geb. 1950 in Berlin, Journalist, Feuilleton-
redakteur, Chefreporter (Berliner Morgen-
post/Die Welt). Seit 1981 Autor der wöchent-
lichen Kolumne „Lebenslagen" – über den
alltäglichen Irrsinn aus Politik und Gesellschaft sowie über die Achterbahnfahrt von
Partnerschaft und Ehe.

Veröffentlichte mehr als 20 Satire-Bände, aber auch Sachbücher, etwa das Buch zum Film „Der letzte Zug" über die letzte Deportation von Berliner Juden nach Auschwitz (CCC-Film Artur Brauner, Regie Joseph Vilsmaier, Hauptrolle Sibel Kekilli). Viel beachtet und in mehrere Sprachen übersetzt: „Die Märchen-Apotheke" mit Silke Fischer zur Bedeutung der Grimmschen Märchen heute.

Philipp ist freier Publizist, Autor von Biographien und Gesellschafter des Philosaurus Verlag, den sein Sohn Max B. Philipp gegründet hat.

Bernd Philipp lebt im Berliner Charlottenburg-Stadtteil Westend.

Sein Credo

„Nimm das Leben nicht so schwer – es ist ja nicht von Dauer!"

Pressestimmen zu Büchern des Autors Bernd Philipp

„Bernd Philipp nimmt das Leben so liebenswert-ironisch auf die Schippe, wie es ein wahrer Lebenskünstler zu tun pflegt."

(Kölnische Rundschau)

„Der Journalist mit dem herzlichen Lächeln in allen Ton- und Lebenslagen."

(Der „Tagesspiegel)

„In Amerika wäre er schon heute eine nationale Größe, weil man dort weiß, wie rar die Leute sind, die nicht nur witzig im Kopf sind, sondern die Komik des Alltags auch zu formulieren verstehen, dass man aus dem Lachen nicht herauskommt."

(Jüdische Rundschau)

„Er hat das richtige Gespür, das Komische im vertraut Alltäglichen zu entdecken. Er nimmt sich selbst dabei nicht aus."

(Heilbronner Stimme)

„Mark Twain hat einen Nachfolger bekommen."

(Berliner Rundschau)

„Der Meister des Lächelns!"

(BZ)

„Mit Augenzwinkern und Sinn für Situationskomik erzählt Bernd Philipp scheinbar belanglose Erlebnisse, die sich zu einem fröhlichen und manchmal bissigen Zeitgemälde zusammenfügen."

(NDR, Margarete von Schwarzkopf)